精神科医がたどりついた「孤独力」からのすすめ

「ひとり」と「いっしょ」の生き方

保坂隆
精神科医
保坂サイコオンコロジー・クリニック院長

さくら舎

はじめに

寅《とら》さんが、「早い話が、おまえが芋食《いも》って、オレのケツから屁《へ》が出るか？　別の人間なんだよ」といったように、人はそれぞれが独立した「ひとり」なのだ。これが生き物としての孤独で、これとは別に社会的な孤独がある。

孤独。この外来の漢語を辞書でひくと、「孤児」とか「子どものいない老人」という説明がある。これが社会的孤独の意味ということになる。

またもうひとつ、感情としての「孤独感」というものがある。多くは、「寂しさ」や「寄る辺なさ」など、切り離され、取り残された不安感がふいに襲ってきて包まれる、ある独特の感情だ。

なんだか急に「ひとりぼっちになってしまって、とても寂しい」。ひとりでいるときにも、ふたりのときにも、たくさんの人といるときにも襲ってくる。

自分だけが、みんなが共有している現実からずれた感じで、安定した日常が、こわい非日常に変わるときだ。自分は無価値なのか？　誰も自分を必要としていないのか？　そんな極端な思いにまで振れてしまうこともある。

まだある。それは「さっぱりした孤独」とでもいいたいもので、煩《わずら》わしさが去って、「ああ、よかった。これで思うぞんぶん好きなことができる」という気持ちに浸《ひた》るとき。卑近な例では、「孫は来てうれしく、帰ってうれしい」というときの後半の解放感だろう。

じつは、まだある。

ある意思《いし》を持って、自分から孤独な状況をつくって、その中に身を投ずる孤独である。この孤独には、爽快感《そうかいかん》、充実感などが中身として詰まっていて、外側から見ると、問題に体当たりする厳しい苦闘の姿をしている。どの分野、どの世界でも、プロフェッショナルはみんなこれをやっている。

私たちが日常語で「孤独」というときには、これらを区分することなく、曖昧《あいまい》なまだから、たいがいの場合、話しながらも、すれ違った感じを拭《ぬぐ》えない。

「孤独は平気ですか？」という問いに、71パーセントの人が「はい」と答え、29パーセントの人が「いいえ」と答えた。これは２０１９年４月20日発行の朝日新聞の記事だ。

「はい」と答えた人はその理由として、次のことを挙げた。

「一人だと気が楽」「一人で楽しめることがある」「単独行動が得意」「一人でも楽しい」「人のペースにあわせたくない」「一人でいることに慣れている」「人付き合いが苦手」

「いいえ」と答えた人は、次の理由を挙げている。

「人は一人では生きられない」「一人だとつまらない」「さびしがり屋」「老後が不安」「体力、健康に自信がない」「孤独死がこわい」「大勢と楽しめることがある」

答えの中に、それぞれの人の「孤独」のイメージが表れている。

私がこの質問を投げかけられたら、「はい」と答えるだろう。

「その理由は？」と尋《たず》ねられたら……その答えがこの本である。

孤独には３つの力がある。

「孤独に耐える力」

「孤独から展開させていく力」

「孤独を楽しむ力」

私は体験からこれを見出した。いいこともあり、落ちこむこともあった私の人生の流れを主軸にして、お話ししていきたい。

精神科医としての私は、やむにやまれぬ気持ちから空海《くうかい》に出会い、高野山《こうやさん》大学大学院に学び、孤独の持つ深い魅力を味わってきたのだった。

保坂《ほさか》 隆《たかし》

◎目次

第3章　孤独を糧に生まれ変わるとき

●心が洗われる山の中の「孤独力」

第4章　新しい幕開けの合図

●高野山の「孤独力」

第5章　不思議な力を体感する

●宇宙の中の「孤独力」

第6章　ひとりの雑草力

●空海の「孤独力」

第7章　限界を突破する挑戦

●脳の活性化と「孤独力」

精神科医がたどりついた「孤独力」からのすすめ

●「ひとり」と「いっしょ」の生き方

♪「振り返ってみれば」

作詞・作曲　保坂 隆

僕を呼んでる　あのふるさとが
「帰っておいでよ　一人じゃないさ」
その言葉に　ひたすら歩いてる
自分に気づき　ふと立ち止まる
振り返ってみれば　自分の足跡が
続いているのは　ほんの少しだけ
その先は遠すぎて　よくわからないけど
いろんなことが　あった気がする

振り返ってみれば　自分のおろかさが
ひとの優しさの中で　揺れている
その頃は今よりも　子どもだったけど
いろんな悩みが　あった気がする

こんなふうにして　人は何度か
過ぎた日々に　涙するのだろう
こんなふうにして　人は何度か
過ぎた日々に　涙するのだろう

第1章

生き方を決めるのに孤独は同伴者だった

●精神科医の「孤独力」

うつむいたままでは、虹は見つけられない。

——チャーリー・チャップリン

おにぎりをもらえるまで歩くから、もらえないってことはないんだな。

——山下清

ひとりぼっちなのに孤独を感じないとき

ひとり旅の恍惚と不安

「孤独」を意識したのは、50歳を過ぎたころだった。振り返ってみると、それ以前、もっと若いころから、「ひとりで」歩いたり、走ったりしてきた気がする。

医学部の2年生のときだった。そのころは、医学部の最初の2年間は医学関係の授業はない。大学では、学生のストライキが盛んにおこなわれていた。

私の通っていた医学部も、「授業料値上げ反対」で、授業ボイコットのストライキをしていた。

私は政治的な活動にはまったく無関心だったが、授業に出ないことには賛成だった。授業ボイコットを続けるか否《いな》かの「決を採《と》る」学生総会に参加し、「授業料値上げ反対」に票を投じた。

ボイコット継続が決まり、この貴重な時間を、ひとりで読書して、その読書の舞台になった土地をひとり旅して過ごした。いまでも記憶に残っているのは、石川県の「能登島向田《のとじまこうだ》の火祭り」に出かけたときのことだ。

それから時が流れ、50代になった私は、能登島を訪れた。なにも用事のないひとり旅だ。

学生のときは船で渡ったが、立派な橋が架《か》けられていた。能登の図書館を訪ねて、地元の歴史書を手にとると、「能登島向田の火祭り」の写真があった。記憶が噴き出すようによみがえって、さすがに興奮したものだ。

大学の5年生の終わりに、またひとり旅に出た。はじめての冬の北海道ひとり旅。極寒、雪深い北海道。知り合いもいない。いったいどんな所だろう。

ひとりでそんな北の果てを行くのだから、すんなりとは出発できなかった。飛行機でもなく、新幹線でもない。急行夜行列車の旅だ。出発時刻が近づくと、私は発熱した。

きっと心因性の発熱だ。

次の日も同じ。2日続けて出発を延期。しかし、どうしても行きたい。3日目の夜行列車には、解熱剤を飲みながら乗りこみ、出発した。

興味津々《しんしん》の好奇心と不安でスタートしたこのひとり旅も、最後のほうになるにつれどんどん楽しくなって、お金を使いすぎてしまった。パチンコ屋さんでバイトして、そこの宿舎に泊めてもらったりした。思い出すと、いまでも興奮してしまいそうな素晴らしいひとり旅だった。

「リエゾン精神医療」を目指す

自立して生活できるようになるための職業の選択は、誰にとっても孤独なプロセスだ。私は、医師になった。心身医療を志し、精神科医になった。

外科や内科のように範囲を限定した医師ではなく、心も身体も診《み》られる医師がいいと思った。モデルになる先達《せんだつ》はいなかった。

心を診ることを学ぶと同時に、身体も診られるようになりたい。人間を丸ごと診るのである。そんな医師は聞いたこともないが、私はなりたかった。まずは精神分析の勉強から始めた。

医師になった2年目からは、いよいよ心も身体もという目標を目指して、開院して間もない大学病院にレジデントとして就職した。

レジデント。まさに「病院に住んでいる」かのような研修医時代を過ごした。そこで精神科医の枠《わく》を超えて、さまざまな診療体験をさせていただいた。

研修医の修了する28歳ごろ、あるチャンスをいただいた。心筋梗塞《しんきんこうそく》になりやすいA型行動パターンについての、日本での最初の研究だった。当直室の床いっぱいに、たくさんのカードを置き換えながら、お手製の「因子分析」をしていたのを、つい昨日のことのように思い出す。

新しい流れが生まれた。精神科医が、他の一般臨床家《りんしょうか》と共同してチーム医療をおこなっていこうとする専門領域である。私は、この「リエゾン精神医療」を目指そうと決心した。

当時、それを目指すものは非常に少なかった。数名の同志と、学術団体「日本総合病院精神医学会」をつくったのは、私が36歳のときだった。どこからも相手にされない団体だったが、30年たったいま、会員数は精神科医が２０００人を超えるまでに成長している。

留学を経て「日本サイコオンコロジー学会」を精神科医中心のものにリセットしたときの、精神科医３名のひとりにも加えていただいた。

サイコオンコロジーというのは、心（サイコ）とがん（オンコ）、つまり悪性腫瘍《しゅよう》にかかった患者および家族、そして医療者の社会的、精神的、心理的ケアを研究するものだ。留学したアメリカで知った、まだ生まれたての医療の領域だった。

職業を決めていった過程でも「孤独」が同伴者で、ただただ夢中で過ごしてきた毎日だったように感じる。しかし、私は自分を孤独だとは思わなかった。いずれのときも、やがて同志をみつけた。

米国留学を終えて帰国してからの40歳代は、子どもの育児にも加わり、仕事も充実していった10年間だったから、「孤独感」を感じたことはない。

私が「孤独」を意識したのは、50歳を過ぎたころだった。

「寂しい孤独」を「ここちよい孤独」に変えられる

誰にとっても「孤独」は定め

孤独は、人間としてひとりで生まれてきたときからの定めのようなものだ。人が生きている姿そのものが孤独である。ただそれだけで、つつがない日常が過ぎていくかぎり、孤独を思うことはない。

孤独とは、あるとき、感じるものらしい。

その感じ方には、相反するふたつがあるらしい。

ひとつは、「つらく、寂しいもの」という感覚。そしてもうひとつは、「ワクワクする魅力あふれるもの」という感覚だろう。

孤独とは、避けたいものなのか？　それとも、自ら飛びこんで、味わい尽くしたいものなのか？

孤独には、こういう、誰でも知っているふたつの顔がある。

学生時代に、私をいざなった「ひとり旅」という孤独は、「ワクワクする魅力あふれるもの」だった。50代になってはじめて意識した「孤独」は、入り口は「つらく、寂しいもの」だったが、そこから始まった人生の旅は、それまで知ることのなかったスリリングなものだった。

孤独というものは、ほんとうにおもしろい。さまざまな表情があって、人間は孤独を中心に動いていく。桜は、いろいろな表情を持っているので愛されるが、それと似ている。

この歳《とし》になって、私は「孤独」というものは未知の領域だと感じるようになった。宇宙がそうであるように、人体の極小部分がそうであるように、未知の領域なのだ。宇宙が変化を続け、人間がどこまでも成長、変化を続けているかぎり、未知の孤独が現れてくる。私たちは、そのときまで、それをよく知らないのだ。

私たちは、これから起きる自分の変化を知らない。たとえばの話、死んだあと、どんな「ひとり旅」が始まるのかを知っている人はいない。

それは「つらく寂しいもの」なのか、「ワクワクする魅力あふれるもの」なのか？

「ひとりで」と「いっしょに」の間

安定している生き方をしたい。それが誰もの願いだろう。人間が安定している状態は、「ひとりで」と「いっしょに」の間を自由に行き来できているときだ。

赤ちゃんのときからそうだ。お母さんに抱かれているからニコニコしているが、自分でやるという意思《いし》を表して、お母さんの手をふりはらうときがある。スプーンを握って、あるいは小さな素手で「ひとりで」食べようとする。でも、お母さんがいなくなれば、泣き出す。

これは、成長のどの段階でも同じだ。幼児期になれば、行動が自由になるとともに遊びの領域も広がり、「ひとりで」やり遂げたという、誇《ほこ》らしい体験を求める。少年、少女期になれば、個室、秘密が侵《おか》されると怒る。「いっしょに」は、すでに家族から友だちに広がっている。

青年期になれば、飽《あ》きずに「ひとりで」やることに、その人の個性が表れる。私の場合は、読書やひとり旅だった。「ひとりで」と「いっしょに」の間を行き来するのは、社会人になっても、退職してからも同じだ。

死と向かい合ったときでも同じ。

死後のひとり旅を、「なんと素晴らしい！」と表現する人もいるだろうが、多くの人は、それに違和感を抱くのではないか。いざ、それに直面してみないとわからないが、元気で生きている人にとって、死後の「ひとりで」はわかるが、「いっしょに」のイメージがないからだ。

思えば、私が高野山《こうやさん》大学大学院に行ったのは、死後の「いっしょに」のイメージを持たなければやっていけないと痛感したからなのかもしれない。どの宗教も、死後の「いっしょに」の豊かなイメージにあふれている。

どちらかに行きっぱなしになると、困ったことが起こる。

「ひとりで」から「いっしょに」に戻れないケースで、最近、社会的な問題となっているのが「ひきこもり」だ。

これまで、内閣府の調査は40歳未満の人を対象にしていたが、はじめて40歳から64歳を対象に全国調査をした（２０１８年12月）。中高年のひきこもりは、61万人と推計された。すでにデータがある40歳未満を加えると、１００万人を超えるひきこもりが、日本にはいる。

自殺者が1万人いると、自殺未遂者はその3倍の3万人いるといわれるが、同様の推定をするならば、日本には３００万人のひきこもり予備軍がいることになる。

その一方で、素敵な孤独を味わっている人たちがいる。素敵な孤独を支えているのは、「会いたくなったら会える人がいる」「相談する人がいる」「大切に思ってくれる人がいる」という安心感だ。

この「いっしょに」に戻れる安心感がないと、思いっきり孤独に浸《ひた》りきることができない。いま、ひとりでこうしていることが怖くてしかたない。

ひきこもりの人は、他者とのふれあいの代わりに、なにかしら「いっしょに」の代《だい》替物《たいぶつ》を持っているのかもしれない。

私は、そうしなければ人は生きられないと思う。何十年も続く「ひきこもりの安定」は、「これではいけない」と思いつつの、擬似的《ぎじてき》な安定なのかもしれない。

プロフェッショナルの精神

長嶋タイプと広岡タイプ

私は、「ひとりで」と「いっしょに」の間を自由に行き来するのが、人間の安定だと思うが、人それぞれに自分の基地を持っている。「ひとりで」から出て行く人、「いっしょに」から出て行く人。自分を見ても、まわりの人を見ても傾向がある。

それを「孤独癖がある人」といったり、「社交的な人」といったりする。あるいは、「もの静かな人」といったり、「にぎやかな人」といったりする。

昭和のプロ野球のスーパースターだった長嶋茂雄《ながしましげお》は、見るからに「いっしょに」の人だった。誰といっしょになのかというと、チームメイトではなくて観衆といっしょにだった。

サードを守る長嶋は、ショートの守備位置まで走りこんで捕球するので、広岡達朗《ひろおかたつろう》に嫌がられていた。それも広岡にいわせると、「簡単な球をむずかしそうにとって、派手なアクションで送球する」のだった。長嶋は、球場に足を運んでくれた人との一体感が強く、とにかく喜ばせようとした。

空振りするときは、ヘルメットを飛ばすほどの強振《きょうしん》をして、上体を一回転させるような姿を見せて沸《わ》かせたし、ランニングスローは、軽快なステップを踏んで、送球したあと、投げた右手をそのまま伸ばしてひらひらさせ、まるで舞うようだった。ファンはそれを待っていた。

一方、クールな広岡は「ひとりで」の人で、むずかしいゴロをさもやさしいように処理して見せるので、そのうまさは玄人《くろうと》にしかわからなかった。

そうしながら、「ひとりで」コツコツと勝つ野球の理論を緻密《ちみつ》に組み立てていた。それはやがて監督になったときに、はじめてファンの前に明らかになった。

プロのアスリートは、すべてが人々に見られ、逃げ隠れできない。賞賛を浴びるのも、大恥《おおはじ》をかくのも、みんな丸見えで、そこに魅力も厳しさもある。

社会人生活を過ごした人々は、同僚にもやはり同じような2種類のタイプがいることを知っているだろう。

その会社は、都会のど真ん中にあったが、社屋と高速の降り口との間に狭い空き地があった。道路なのだが、人通りはほとんどない。昼休みになると、その会社の若い男たちが出てきて、ノックをしたり、キャッチボールをしたりしてたむろしていた。

にぎやかな男がいた。彼は運動音痴《おんち》で野球は下手くそだったが、いっしょに盛りあがるのが大好きだった。「チームをつくろう」といいだして、ユニフォームのデザイン、チーム名、チームのロゴ、ホームグラウンドになる草野球場の候補をあげて、たちまち部のチームができあがった。

するとそれに倣《なら》って他部署でもチームがつくられて、たちまち4チームが誕生し、対抗戦が始まった。試合後にはお決まりで、ラーメン屋でビールと餃子。楽しく盛りあがる。

まず萌芽《ほうが》があって、それが発展するという流れが物事の一般的な推移だが、この社内草野球ブーム萌芽はひとりの「もの静かな」若い男だった。

始まりは1個のプロ野球の硬球だった。あるところでそれをもらった「もの静かな」男は、会社に持っていった。ひとりだけ親しくしている同期の若い男にそれを見せた。

それで終わりのはずだったが、ふと思いついてノックバットを買った。グラブもなし。軽くノックして素手でとる。プロ仕様の硬球というものを体感したかったのだった。

そうしているだけの時間がずっと続いていたが、人目を引いた。なんだか、昼休みのふたりはとても楽しそうだったのである。

あとはお話しした通り。

「ひとりで」は「いっしょに」に自然に開かれ、合流していった。社会生活を見ていると、こういうおもしろいケースに満ちている。会社の日常業務でも、同じようなことが起こるだろう。創業のドラマというものも、やはりそうだと思われる。

芝生に残る激しい素振りの跡

燃える男・長嶋茂雄を、私は「いっしょに」の人として描写してきたけれど、「いっしょに」の中に「ひとりで」があり、「ひとりで」の中に「いっしょに」がある。幸福な人生のケースは、もしかすると、みんな、これがいえるのかもしれない。

こんなエピソードを聞いた。その人は女性誌の編集者で、長嶋夫人の亜希子《あきこ》さんを取材した。自宅を訪問して取材は済んだ。ふときれいな芝生の庭を眺《なが》めると、あっちこっちに深く掘れた穴があいていた。

彼はカメラマンにそっと芝生を撮るようにいった。激しい素振りの跡である。

野球好きの男たちは、長嶋がバッティングを音で調整することを知っている。バットが空気を切る音である。素人が振ればブーンという低い音がする。バットスピードが上がるとその音が短くなり、ついには「ピッ！」という音になる。これが、長嶋が求めるバットスピードなのだ。

芝生を見て、即座に、深夜「ひとりで」納得するまでバットを振る姿が浮かんだのである。球場の大観衆の中で、長嶋は「ひとりで」この「ピッ！」いう音を実現しようとし、深夜の自宅で、その音を実現しながら、大観衆の歓声を聞いているような気がしたそうだ。

オフィスでも「ひとりで」と「いっしょに」のドラマは起こっている。仕事というものは、ひとりひとりが、決まりきったことを淡々とこなしていく一方で、困難な課題が立ちはだかれば、それをみんなで解決しなくてはならない。

「ひとりで」抱えこんでいてはどうにもならない。課題を「いっしょに」の方向に誘導していかなくては、まず突破口はみつけられない。

孤独な男であれば、だんだんふさぎこんで、挙げ句の果てには休みがちになり、そこでまわりが手を差し伸べなければ辞《や》めてしまうだろう。

こんなときの「にぎやかな」男の行動は水際立っている。

あるＩＴ企業での話である。彼は考えるときには人に会う。「ちょっと知恵を貸してもらいたいんだけど」と声をかければ、嫌な顔をする人はいない。

他部署の人と次々と会って、盛んにおしゃべりをするのだ。そのたびに、いろいろな角度からのものの見方が増えていく。それを、おしゃべりのベースに取りこんで、また次の人としゃべり、相手のいうことにじっと耳を傾ける。

「ああそうか、そういう見方もあるんだね、気がつかなかった。ありがとう」

感謝の言葉を交えながら聞いてくれるから、話すほうも気分がいい。彼と話す人はみんな上機嫌になり、だんだん軽い興奮状態になって、自分でも思いがけないアイデアが生まれてきたりするので、楽しいのである。

なんだか自分が重要人物になって、いま人の役に立っている。こういう感情は、そんなにいつでも満たせるものではないからだ。

話は思いがけない方向に飛び、冗談《じょうだん》が混じり、そこにハッとするような考え方が差しこまれるから、ただの雑談とはちょっと趣《おもむき》が違う。じつは、こうして陽気に「いっしょに」しゃべりながら、彼の頭は自分のテーマを冷ややかに追いつづけている。「ひとりで」考えているのである。

ついに、多くの人のものの見方が取りこまれて、問題の全体の姿がジオラマ（情景模型）のように見えてくる。ここからあとは「ひとりで」できる。またそうしなければならない。頭の中でリアルになったジオラマの中を歩くのである。

彼は歩きながら待っている。外からは、何もしていないように見える。あるとき、それは降りてくる。コンセプトといわれるアイデアなのだが、その光を当てられて、ジオラマは彩色され、彫りの深い影によってクリアに一変する。

新しい意味が生まれたのである。手がかりは手に入った。問題は、自由自在に、確信を持ってさばけるのだ。

ここでも、「いっしょに」の中に「ひとりで」があり、「ひとりで」の中に「いっしょに」がある。

第2章　内心の声を聴く

●50歳代の「孤独力」

呑気《のんき》と見える人々も、心の底を叩いてみると、どこか悲しい音がする。

――夏目漱石

人間の目は、失敗して初めて開くものだ。

――チェーホフ

50歳代で身のまわりに起こる不思議なこと

自分のポジションが揺らぐ

前にも述べたが、孤独を意識したのは、50歳を過ぎたころだった。

50代は、仕事をしている人にとっては、ある程度の肩書がついたり、責任ある立場にも立つようになる時期だ。中間管理職になる方も多いだろう。

私も、50代に突入したのと同時に、ラッキーなことに医学部教授に選考された。しかしこのころから、職場では、上司としての拙劣《せつれつ》さ、部下の反抗から、強い「孤独感」を感じるようになった。

家でも、同じことが起こった。子どもたちも成人するようになり、家庭内での夫としての役割や、父親としての役割にも変化が表れたのだ。

それまでは、弱い立場の家族のために一生懸命はたらき、子どもたちの教育についての妻の意見にも耳を傾けてきたのだが、子どもたちの成長にともない、揺るがない父親的な存在感も薄れ、相対的に家族の中で弱体化していったのかもしれなかった。

その一方で、このころから不思議なことが起こるようになった。クラス会や同窓会への誘いが増えてくるのだ。私の場合は、大学からはじまって、高校、中学校、小学校まで遡《さかのぼ》った。過去から呼びかけてくる声がやたら耳に入るようになるのだ。

自分像を修正するとき

高校までは、私は地方で生活していたので、同窓会といえば帰省して参加することになる。出不精になっていた私だったが、この同窓会にはせっせと通った。

50歳になると、子どものことは一段落するし、仕事上でも一段落というか、余裕が出るころなのだろうか。出席率は高いのである。

すっかり変わって見える友人もいるし、昔の面影《おもかげ》のままという友人もいる。そんなときに話題になるのは、昔の自分自身、つまり「自分像」のことだ。

「オレって、野球うまかったよなあ?」といってみる。「違うよ。おまえはいつも補欠だったよ」と誰かが答える。周囲の仲間が、「そう、そう」と同意する。

それでわかることがある。人間は、成長しながら、自分自身のことは少しずつ美化して思い出にしているらしい。同窓会の会話というものは、こんな感じで、「少しずつ美化した自分自身を修正していく作業」のような気がしてくる。

正しい自分史をつくるのが、50代の10年間なのだ。そして、その正しい「自分史」ができて、めでたく還暦《かんれき》を迎える。個人的にはそう思っている。

50歳で人生を大転換させた伊能忠敬

日本地図で有名な伊能忠敬《いのうただたか》は、倒れかかった問屋さんに婿養子《むこようし》に入り、みごとにそれを再建し、地域の活動を通して名士と呼ばれた。

50歳を迎えた忠敬は、家業をすべて長男に譲《ゆず》り、幼いころから興味を持っていた、天文学を本格的に勉強するために江戸へ出た。

浅草には、星を観測して暦《こよみ》をつくる天文方《てんもんかた》があった。人生50年といわれていたこの時代、50歳から「勉強のために」江戸に向かう知識欲、知的好奇心の大きさには驚かされる。

天文方についた忠敬は、この当時の天文学の第一人者である高橋至時《たかはしよしとき》の門下生となった。第一人者とはいえ、高橋至時はまだ32歳。いっぽう弟子入りを申しこんだ忠敬は51歳。

忠敬は、56歳を過ぎてから17年間をかけて全国を歩いて測量し、日本地図の作成にとりかかる。途中、1804年には11代将軍家斉《いえなり》に東日本の地図「日本東半部沿海地図」を披露した。そのあまりの精密さに、立ち会った幕閣《ばっかく》は息をのんだ。

そして忠敬には「続けて九州、四国を含めた西日本の地図を作成せよ」との幕命がくだる。彼の測量はもはや個人的な仕事ではなく、多くの人の期待をになう正式な国家事業に変わった瞬間だった。

伊能忠敬は、人生を大きく第一章、第二章に分けて、どちらも成功させている。私たちは、ここから多くのことを学ぶべきではないだろうか。

いまの時代、50歳からの後は長いのである。少なくとも、私は、彼の生き方から、何か大きなものを学んだのだった。

そのころから、私は孤独について考えるようになった。「孤独に耐える力」「孤独から展開していける力」のことを、「孤独力」と自分なりに定義して、それについてじっくりと考えはじめた。

行きづまるのも「いい知らせ」

「ちょっと待て！」天の声

人は誰でも、自分のことがそんなにわかっているわけではない。私も、50代になるまでは、うまく社会に適応できていると思い、その姿を自分と思ってきた。「ちょっと待て！」という天の声が降りてくるまでは。

天の声は、部下の不服従、反抗的な言動として、あるいは家族の「お父さん、もう、そんなことといわなくてもけっこう」という、どこか軽んじる態度を借りて降りてきたのだった。

成人してからの人生は、前半は社会に自分を合わせていく人生で、後半は自分に焦点を合わせて、むしろ社会はそれについてくる。

前半の人生の優等生と、後半の人生の優等生では、努力すべきことが違うのである。前半の優等生ぶりが、後半ではむしろ邪魔になるのだ。その境目が、いつ、どんな形で表面化するかは、人によって異なるのかもしれない。

伊能忠敬は、誠実無私な努力で、家族と家を盛り立てる前半を生きた。それに成功を収めて後半の人生に切り替えた。苦《にが》さを味わった私とは違って、これは円満なケースだが、すべて円満に行くわけではない。

後半は、若くして諦《あきら》めていた勉学への転進を選んだため、妻は寂しがり、ひとりっきりに立てこもる読書を妨げようとした。忠敬は苦しまぎれのごまかしを考え出した。江戸に薪《たきぎ》の販売所をつくり、そこに出かけてひとりの時間を確保し、密《ひそ》かに読書に励んだりした。

境目の迎え方

人生の境目《さかいめ》は、子どもと大人の間にもある。10歳前後に子どもとしての完成した姿を見せると、性の芽生えが始まって、その完成を破壊する。性を取りこんだ存在として、新しい人生をもう一度、組み立てはじめるのだ。

中学時代の友人に、ほんとうの親友と呼べるものが多いのは、あるいはそのせいかもしれない。子どもの姿と、大人の姿の両方を持っているのが中学生だからだ。それがつながりの深さになるのかもしれない。

境目の迎え方には、不思議なものもある。こっぴどい失敗をして、会社を辞《や》めるような形で、次の人生に切り替えた人について、よくよく見ていくと、微妙なものを含んでいることがある。わざと失敗したんじゃないのか、と疑われるケースがあるからだ。

入社以来、はつらつと、むしろ自由奔放に仕事をして、めざましい成功を収めつづけた青年がいた。彼はやがて、管理職の年齢になった。とても困難なテーマの責任者にならないかといわれて、考えもせずに引き受け、案の定、失敗した。

ひとり目立って、ちやほやされていた社内環境が一変して、まわりは冷ややかになり孤立した。ふてくされた態度で退職した。退職ののち、1年ほど鳴りを潜《ひそ》めていたが、会社をつくり、以前はつらつと仕事していたように、第一線での仕事を再開した。

そんなあるとき、彼は、順風満帆《じゅんぷうまんぱん》で会社勤めしていたころに、戯《たわむ》れでつくった1箱の名刺をみつけた。小さな制作会社の社長の名刺だった。彼はそのとき、ほんとうにびっくりした。そんなことがあったのは、きれいに忘れていたからだ。

思いがけない自分の顔を鏡で見たように思った。「ああ、ずっとやりたかったんだ」。

彼は、望み通りの場所にたどり着いたのだ。

自分の内心の声は、よく聞こえることもあるが、内側から叩く音をかすかに響かせているだけの場合もある。

これからの人生をよくする秘訣

会社人間の定番

現役でバリバリ働いているときには、退職後の自分の姿を想像する暇はない。なんとなく同じような日々が永遠に続くような気がしている。

仕事につまずきがないかぎり、会社に行けば孤独とは無縁《むえん》だ。そこにはわかりあえる人々がいつでもいる。ところが、退職すると、思いがけず、人間関係がなくなってしまったことに気づく。

そうでない人もいる。相変わらず、連絡をとりあって、いっしょに飲んだり、ゴルフをしたり、旅行をしたり、意欲の衰《おとろ》えない人たちなら、金を出し合って講師を招いて、自分たちで考えたテーマの勉強会を開いたりしている。

そのメンバーをよく見ると、会社の同僚、仕事を通じて知り合った会社外の人々、昔のクラスメイトなどいろいろなのだ。

どうしてこの差が生まれるのかといえば、私が思うには、「いっしょに」いるときに、「ひとりで」の関係を結ばなかったからだろう。

会社での人間関係は、組織図があっての関係で、その組織図上の自分は永続するものではない。それなのに、うかうかと人生を委《ゆだ》ねるにたる確固たるものとして誤解するのだ。

部署が変わると、前の人とのつながりを切ってしまう。それを繰り返しているうちに、退職の日が来る。あんなにたくさんの人と会ってきたのに、気がついてみれば、友人はひとりもいない。

人間としての相手に関心を示さないと、こういう結果になるのだと思う。会って飲んでも、仕事の話しかしない。できない。

人生をドブに捨てる前に

ひとりの人間というものは、じつにさまざまな人生経歴を持っており、意外な体験をしていたり、仕事では見せなかった優《すぐ》れた能力を持っていたりする。

相手のいいところ、相手の魅力的なところ、謎《なぞ》めいたところ、それをどれひとつ見ようとしなかったから、あんなにも多くの時間「いっしょに」いながら、「ひとりで」と「ひとりで」の関係は生まれなかったのだ。

遅まきながら、こういうことに気づくときは、ほんとうに慚愧《ざんき》の念にたえない。人生をドブに捨てたのかと思う。

別のことで、これと同じことを思う男たちも多いようだ。自分に縁のあった女性たちを懐《なつ》かしく思い起こすとき、うまく関係を結べなくて、そのときは気がつかなかったが、いかに相手に悲しい思いをさせたかが胸にくる。

「ああ、悪いことをしたなあ。オレはほんとにバカだったなあ」

間に合わなくなってから反省するのが、凡人の人生なのかもしれないが、見方を変えれば、素晴らしいことなのかもしれない。

遅すぎた愚《おろ》かな反省がおとずれたときが、これまでの人生と、これからの人生との区切り目、境目だといえるからだ。反省できるくらいだから、まだ心がしっかりしている。

いかにちょびっとにせよ、残っている人生はある。それはきっといい人生にちがいない。一口の甘いケーキのように。

第3章　孤独を糧に生まれ変わるとき

●心が洗われる山の中の「孤独力」

自分らしい生き方をしたかったら、孤独に取り込まれちゃダメなんです。孤独を取り込んでしまう。

――岸惠子

踏み出せば、その一歩が道となる。迷わず行けよ。行けばわかる。

――一休宗純

何かが動き出す

早期退職という選択

自分で定義した「孤独力」について、実際に考えるようになったのは、57歳で早期退職した後だった。教育職という仕事が、自分に向いていないと思った私は、よくよく考えて「早期退職」という選択をした。

すぐに転職することは容易だったのだが、その前に、自分の人生を真正面から考えてみたくなり、家族に迷惑をかけない程度にアルバイトをしながら、毎週月曜日から1泊2日で、山の中のプチホテルつきのゴルフ場に通った。

「平日のゴルフをしたい」というのは、サラリーマン医者をしていた長い間の夢だった。これが実現したことは非常にうれしかった。昼間はコースに出て、ゴルフも少しずつだが、うまくなっていった。

そして、夜。ひとりで山の中のホテルに泊まっていると、いままで味わったことのないような孤独感が、ひしひしと迫ってきた。

それまでの人生を振り返り、そして、健康な身体で産んでもらった親に感謝し、このあと「残された仕事」は何か？　など……じっくり考えていた。

断捨離すると新しいものが入ってくる

「断捨離をするスペースに、何か新しいものが入ってくる」ことは知っていたが、それを実際に体験したのはこのころだった。

有名な聖路加《せいろか》国際病院から、「精神腫瘍科《しゅようか》」を新設するお話をいただいたのだ。この領域は「がん患者と家族のための精神科」のことで、日本では珍しい職種だが、私が最後のライフワークにしようと考えていた領域だった。

ゴルフ場のある山の中の「孤独」から、何かが動き出したのである。

自分の思いがけない欠落に気づく

私は、新設なった「精神腫瘍科」ではたらくのと同時に、「緩和《かんわ》ケアチーム」の一員に加わった。そして、毎朝の回診を通して、人の死に直面して驚いてしまった。

30年以上も医者をやりながら、精神科医だったこともあり、人を看取《みと》る経験がなかったことを知ったのだ。「人の死に向き合っていられない」自分に気づいた。自分自身の「死生観」がしっかりしていないことにも気づいた。

なんとかしなければならない。これは、それまでやったことのない大仕事になる。

そうこうしていた２０１２年正月。元旦恒例の、近くにある玉川大師へお参りに行った。これも恒例のおみくじを引いた。そのとき、二十数年の元旦おみくじではじめて「大吉」を引き当てた。その瞬間、「今年こそは！」と決断し、「あそこ」を目指したのだった。

「あそこ」とは「高野山《こうやさん》」である。死生観を確立するために、準備を整え、覚悟を決めて、私は生まれてはじめて高野山に行った！

ひとりで訪ねる高野山。それも雪深い高野山。観光客はほとんどいない。

孤独力は、文字どおり人を動かすパワーなのである。私が高野山を目指したのは、高野山大学大学院の受験のためだった。

芭蕉の句がしみる

江戸での人生の断絶

伊能忠敬《いのうただたか》より100年ほど前、伊賀上野《いがうえの》から、江戸の中心地、日本橋にやってきた男がいた。30歳になろうとしていたから、若者とはいえない。町名主《まちなぬし》の家を訪ね投宿した。そのことからも、よいコネを持っていたことがわかる。

男は、郷里で一度挫折《ざせつ》を味わっていた。聡明《そうめい》で、気高《けだか》さを持つ子どもとして目をつけられ、侍大将《さむらいだいしょう》の若君のお小姓《こしょう》に抜擢《ばってき》されて武家奉公をしてきたが、若君が亡くなったのである。やがて若殿になる若君とは気が合って、遊び、学びのよい相手だった。いずれ仕官の夢がかなうと思われたが、未来はここで断ち切られた。

戦《いくさ》の時代はとうに去って、武士の世界でも、芸事、教養が関心事だった。そのひとつが俳諧《はいかい》で、伊賀上野でもたいへんに盛んだった。若君は京都の師匠《ししょう》について、お小姓と俳諧に熱中した。俳諧とはもともと「滑稽《こっけい》」を意味しているが、当時の俳諧は、フットワークの軽い言葉遊びだった。

このお小姓が、のちの松尾芭蕉《まつおばしょう》である。

俳諧で身を立てるために江戸にやってきた男は、宗房《むねふさ》を名のっていたが、たくさんいる俳諧の宗匠《そうしょう》の予備軍のひとりにすぎなかった。流行にのった機知溢《あふ》れる男が、他の追随《ついずい》を許さない独創的な芭蕉になるには、孤独を潜《くぐ》りぬけなければならなかった。

人生を折り返すときの「孤独」とは何かを知りたかったら、ある時期の芭蕉の句を味わうのがいいと思う。こういうものを残した人は、ほかにいるだろうか。いないのではないか。

芭蕉の人生には、ひとつ大きな謎《なぞ》がある。江戸での人生の断絶である。

才能と覇気《はき》に恵まれたこの男は、江戸の一等地に来るやいなや、精力的に動きまわった。町名主の帳簿つけを手伝ったり、神田川の水道工事の差配《さはい》をしたりする一方で、権威ある宗匠のアシスタントとして腕を磨《みが》いた。新しい傾向の俳諧の旗手の開いた句会にもデビューした。

門人が集まった。彼らは、金もあり地位もあり、人脈も持っていた。エリートばかりである。この時期には、「桃青《とうせい》」と名のっていたが、江戸のみならず関西にまで名が知れわたった。万句合《まんくあわせ》興行（多くの俳句を集めて点取り競争をおこなう興行）という宗匠として認知される大デモンストレーションを終え、門弟20人の歌仙《かせん》（60ページ参照）を集めた俳諧集も出版している。

その正月は、得意の絶頂にあった。それを示す句がある。

発句なり松尾桃青宿の春

わが家で新春を迎えて、まずはめでたく発句を詠《よ》む、一門を率《ひき》いるわれこそは松尾桃青。

新春の句は、もともと明るく、めでたく、雰囲気を盛りあげるものなのだろうが、一点の迷いもなく、自信満々、はつらつとしているではないか。これが1679年春。

このあと、なぜか日本橋から姿を消し、大川（隅田川《すみだがわ》）の向こう側、寂しい深川《ふかがわ》に移った。翌1680年の冬には、一転して孤独極《きわ》まる句を詠んでいるのだ。

櫓《ろ》の声波をうってはらわた氷る夜や涙

郵 便 は が き

切手をお貼りください。

102-0071

東京都千代田区富士見一―二―十一

KAWADAフラッツ一階

さくら舎 行

住 所	〒 都道府県			
フリガナ		年齢	歳	
氏 名				
		性別	男	女
TEL	( )			
E-Mail				

さくら舎ウェブサイト www.sakurasha.com

愛読者カード

ご購読ありがとうございました。今後の参考とさせていただきますので、ご協力をお願いいたします。また、新刊案内等をお送りさせていただくことがあります。

【1】本のタイトルをお書きください。

【2】この本を何でお知りになりましたか。

1.書店で実物を見て　2.新聞広告（　　　新聞）
3.書評で（　　　）　4.図書館・図書室で　5.人にすすめられて
6.インターネット　7.その他（　　　）

【3】お買い求めになった理由をお聞かせください。

1.タイトルにひかれて　2.テーマやジャンルに興味があるので
3.著者が好きだから　4.カバーデザインがよかったから
5.その他（　　　）

【4】お買い求めの店名を教えてください。

【5】本書についてのご意見、ご感想をお聞かせください。

●ご記入のご感想を、広告等、本のPRに使わせていただいてもよろしいですか。
□に✓をご記入ください。　□ 実名で可　□ 匿名で可　□ 不可

ひとり、しんしんと冷えてくる夜に耐えている。庵《いおり》のすぐ横を流れる川からは櫓をこぐ音、波の騒ぐ音が間近に耳に届く。船頭の孤独と自分の孤独にはらわたも凍《こお》りつき、涙している。そんな情景だろうか。

情けないぞ。どうしたんだ？

雪の朝独《ひと》り干《ひ》鮭《さけ》を噛《か》み得たり

寒い雪の朝の、孤独な、貧しい食卓風景。噛みしめているのは孤独だとでもいいたげである。

いったい、何があったのか？

日本橋時代には家族もあった。が、彼らと別れてひとりになった。住んでいるのは生《い》け簀《す》のぼろっちい番小屋。まわりにあるのはそこで交差する2つの川とそよぐ芦《あし》ばかり。物音もしない武家屋敷がわずかにあるのみ。こんなところにいて、句会のできようはずもない。望みがかなって手に入れた俳諧宗匠という自分の職業の否定である。

これだけのことが起こるには、何かがなければならない。研究者の書いたもの、芭蕉フリークが書いたものをいろいろ読んでみると、いくつかの説があることがわかってくる。確かに何かがあったのである。それぞれ説得力があり、私にはどれが当たっているのかわからない。

私としては、突然の深川移住の謎を解くことではなく、ここでは「孤独」というものを独学するつもりで、句を読んでみたい。

裸からリセット

こんな句があるが、どうだろうか。

夜ひそかに虫は月下の栗を穿《うが》つ

静かに冴《さ》えわたった孤独。これは寂しくない。むしろ、青白い月光を浴びていながら、熱を発しているような孤独な集中を感じさせる。

芭蕉野分《のわき》してたらいに雨を聞く夜かな

真っ暗な嵐の夜。庭先の芭蕉の葉が強風に揉《も》まれて夜じゅう鳴っている。バラバラに裂けた葉の姿を想像しながら、雨漏りをたらいに受ける。こっちの音はなんだかのんきだ。孤独を受け止める力がついてきたような句でもある。

くれくれて餅《もち》をこだまのわび寝かな

年が暮れていく。正月を迎えるために餅をつく杵《きね》の音がするのを、独り寝の寝床で聞いている。そうしていると、杵の音も深山のこだまのようにも思えてくる。孤独に遊び心が出てきているような、どこか自堕落《じだらく》になっているような。

桃青は、このころ芭蕉と名を変えた。ひらがなで「はせを」と書いたりしている。こういう状態がずっと続くなら、引きこもりというべきところだが、折々に門人が訪ねてきて生活の世話をやいていた。米を大きなひょうたんの中にそっと入れて帰ったり、煮炊きの火を起こしてやったりしていた。

引きこもりすれすれの孤独は、芭蕉の句を変えた。人間が変わったのである。脳が変わり、神経の回路が変わった。

これらの句は、日本橋時代までの言葉遊びの域を脱している。孤独には、社会に身を沿わせていくことで獲得したさまざまなものを振り捨てて、裸からリセットさせる力がある。

リセットを終えると、人生後半が始まるらしい。

芭蕉の人生の後半は行動である。旅。そしてまた旅。旅に明け暮れる10年間が始まった。41歳になっていた。風景に出会い、人に出会い、故人の遺跡に出会う。そのたびに感興が沸《わ》き起こり、新しい傾向の句が生まれた。もう、おもしろくって、楽しくってたまらない。

かつて私もそうだったが、芭蕉といえば「古池や」で、俳句とは575という認識がふつうだろう。これは違うのだ。

当時は俳句という言葉はなく、俳諧だった。俳句に相当するものは発句である。つまり、始まりの句で、そこから句の連鎖《れんさ》が始まるのである。その連鎖は、575、77、575、77と続き、それが36つながったものを歌仙と呼んでいる。

芭蕉は歌仙をたくさんつくっている。つくるのは共同作業で、２人、あるいは５人というぐあいに集まった人でまわしていく。これを連句とも呼んでいる。

いまは、俳諧を知ることが目的ではなく、芭蕉の人生後半は、孤独な「ひとりで」のときを過ごしたあと、「いっしょに」が始まったことを知ればよい。

旅先では、各地の俳諧に励む人びとが芭蕉と歌仙を共にすることを待っていた。江戸とはまた違った人とのつながりから、新鮮な火花が散って、新境地が生まれるのである。

芭蕉は、生涯で千句ほどの発句を残しているが、あの深川の孤独の句とは違った趣《おもむき》の、やはりどこか孤独を感じさせる句をいくつも残している。

野ざらしを心に風のしむ身かな

野原にころがるしゃれこうべになるのも覚悟して旅に出ようとすれば、風が身にしみる。この覚悟と引き換えでなければ、新境地は得られないのだから、これでよい。

酒飲めばいとど寝られね夜の雪

酒を飲んで寂しいのではない。雪の夜、ひとりでいると頭が活性化して、次々と湧《わ》いてくるものがあり、とめどないのである。

痩《や》せながらわりなき菊のつぼみかな

ひ弱な育ち方をした菊に花が咲こうとしている。なぜかそんな女性を見つめる孤独な視線のようなものを感じさせる。

蛸壺《たこつぼ》やはかなき夢を夏の月

明日になれば引きあげられてしまう蛸壺の中に入って安らかにしている蛸。海面には夏の月が光の縞《しま》を揺らしている。蛸の悲しい孤独に思いをひそめる人はなかなかいないだろう。

まあ、こんな調子できりもなくあるのだが、晩年には、有名な孤独の名吟《めいぎん》が連打される。

この秋はなんでとしよる雲に鳥

秋深き隣は何をする人ぞ

旅に病《や》んで夢は枯野をかけめぐる

「夫婦とは何か」を問い直す日々

妻の心はどこに?

長い結婚生活を過ごしてきた夫が、じっくり考えようとしないものがある。それは妻の心。いつのまにか、心が離れてしまった夫婦になっている。

大なり小なりこれは起こることで、自然現象の一部みたいにも感じられる。恋人時代、ラブラブの若夫婦と呼ばれていた時代と、子育てに夢中になり、仕事に脂《あぶら》がのってきた年代ではおのずから異なる。

臨床《りんしょう》心理学者の河合隼雄《かわいはやお》氏は、この時期のことを「夫婦が背中合わせになって世間と戦っているとき」と書いている。それが終わると、向かい合って顔を見合わせるときがやってくるのだ。

「誰だろう、この女は?」

「なんでここにいるんだろう?」

風のように、こんなつぶやきが頭の隅《すみ》をかすめたりする。

まともに妻の心を考えようとすると、うまくいかない。だから、ありもしない夫婦のスタンダードなるものを仮定する。そこに戻ろうとする。あるいは、それとの距離を測り、不平をもらす。

こういうことが起こるのは、じかに妻の心を見るのにひるんでいるからかもしれない。

あまりにも長いこと、タンスがそこにあるのと同様の感じ方で対していた。あんなに愛していたのに、いったいいつからこうなったのか。

もし、こういう日がやってきたら、これもまた、孤独に飛びこまなければならないときであろう。

自分の孤独をじっくり味わうところから、相手の孤独が少しずつ見えてくる。見えてくると、妻は全然孤独ではなかったりする。

女性は、男と違って、手を差しのべ合うネットワークをつねに増やしてきていて、たくさんの友だちと、何種類もの趣味に充実しているのがわかったりする。

関係の逆転を受けいれる

社会に出てはたらいている間、男はなんとなく自分の優越を信じているが、それは間違いだったとわかったとき、プライドがズタズタになる。何もかも満ち足りている妻と、何もなくなって空虚な自分。

たいがいの男たちは、ここでうろたえるが、そんな必要はない。退職後の男はおおむねそんなものだ。たとえ社長を辞《や》めた男でも。私の知っているかぎりそんなものである。さすがに、社長をやってきた男はエネルギーがあるなと思うのは、ごまかさないで、きちんと苦しむことだ。

よくいわれることだが、退職したあと1ヵ月くらいは、自由な時間、好きなときにできるゴルフに満足しているが、すぐに飽きる。ここから、ありあまる自由に苦しむたいへんな時間が始まるのだ。

元社長は、ひとりになって、じっくり考えた。

工学系の彼は、まずは、工夫した装置をつくって家庭菜園に励んだ。みごとな野菜ができた。しかしものたりない。それから社会への発信を始めた。ブログで人生を総括したり、社会事象に対するコメントを書きこんだ。

妻とは、いっしょに歴史探訪の旅に出た。そんなことを楽しみながら、自分の知らぬ間に会社を起こして、妻がネットで運営しているエストニアの物産の販売を手伝ったりした。

これからあと、彼がどんなことを始めるかはわからない。かつてのような「社会がオレを必要としている」という充実は得られないが、「まあ、家族の邪魔にならないようにやってるよ」と快活な笑顔で話している。

朝には、喜んでゴミ出しを引き受け、シーズンになれば、好きなスキーにひとりで出かけ、新しい友だちをつくったりしている。

いったん孤独をくぐりぬければ、仮に離れてしまった夫婦の心であっても、また別の形で寄り添うようになる。

夫婦関係にスタンダードはない

芭蕉には、家族があったことがわかっている。妻は寿貞尼《じゅていに》。芭蕉と別れてから尼になったらしいが、本名はわからない。子どもが３人いたらしく、次郎兵衛という男の子と、おまさとおふうというふたりの女の子がいたらしい。寿貞とは正式の夫婦ではない。立場は奉公人である。

晩年、旅先で寿貞の死の知らせを手紙で受け、「数ならぬ身とな思いそ霊まつり」という句を捧げて、切々とした悲しみの返信を送っている。

寿貞と子どもたちは、門人がなにくれと面倒を見ていたらしいが、体を悪くした最後には芭蕉庵に引きとって、やはり門人の世話になっていた。

謎につつまれた、突然の深川移住という人生の断絶の際に別れ、別々に暮らしていたが、心は通っていたと思われる。こういう夫婦関係もある。

また、ともに十分な経済力がある対等な夫婦関係もある。

妻は芸術家、夫は不動産を持つ画廊経営者。バイオリニストの妻は、ある交響楽団のコンサートマスターで、レッスンをつけるお弟子を何人も持っている。ともに実家は資産家。

美男美女で、いわゆるなに不自由ない夫婦である。自分の世界を持っているから、それぞれに忙しい。優秀な子どもにも恵まれ、その子も音楽の道に進み、順調に伸びてきている。その娘さんがいうには、「自分の世界をしっかりつくらないと、相手にされない。キビシイのよ、うちは」ということだ。

うちうちではお互いに敬意をいだき、誰もが交際家だったから、楽しい家族としてまわりから愛されていた。お客に呼ばれるのを楽しみにされる、そんな一家だった。

そういう家族でも、危機がなかったわけではない。夫はひとりの素晴らしい女性に巡《めぐ》り合い、その人と人生をやり直そうかと、真剣に悩んだ。妻にそれを知られるようなヘマはしないから、表面上は何事もなかった。

危機は通り過ぎた。妻が乳がんにかかり、そのとき、家族それぞれが深い孤独を通り抜けたのである。みんな最悪を考え、覚悟して、毎日を過ごした。夫はあらゆる療法を調べ、最善を尽くした。幸いにも、がんは経過もよく、心配はなくなった。

この家族はみんな明るく、とりわけ妻の明るさは底ぬけだった。まあ、大小３つの太陽がいっしょにいるようなものだが、病気がはっきりしたとき、妻は夫にこういったそうだ。

「私にもしものことがあったら、最後のときにラブレターをください。うっとりするような素晴らしいラブレターを」

第4章　新しい幕開けの合図

●高野山の「孤独力」

困れ。困らなきゃ何もできない。

——本田宗一郎

こんなよい月を一人で見て寝る

——尾崎放哉

異次元の世界で鮮烈な体験に揺さぶられる

極寒の中での正座

お大師さまで「大吉」を引き当てた瞬間、「今年こそは行く！」と決断したのは、死生観を学ぶ場所としての高野山《こうやさん》大学大学院だった。

その2ヵ月ほど前に、私のメンター（助言者）でもある医師から、その存在について知らされていた。通信制もあるので、仕事をしながら行けることも教えていただいていた。

願書の締め切りにはギリギリ間に合った。受験資格を得たので、口頭試問のために2月になってから、私は高野山を目指した。

新幹線で新大阪まで行き、なんば駅から特急「こうや」に乗り、80分後にはケーブルカーに乗った。もうそこからは別世界で、周囲は真っ白な積雪……ブーツを履《は》いてきてよかったと思っていた。

ケーブルカーを降りて、バスに乗り換え、高野山に着いた。家を出てから6時間ほどが経過していた。

高野山町には30センチくらいの積雪があった。授業期間が終わった大学では、誰かが雪かきをしてくれるわけでもなく、ブーツでズブズブと歩きながら、私は校舎に向かった。

もうひとり面接を受ける方がいた。マレーシアに住んでいる日本人の女性で、「通信制なので受験しました」と、私と同じようなことをいった。

自分の面接時間がきた。部屋に入ると3人の面接官がいた。全員が剃髪《ていはつ》していたのには驚いたが、教授であり、僧侶の方なので、不思議なことではない。

「かつては教授であり、いまも第一線ではたらいている59歳の医師が、なぜ受験したのか？」が面接のテーマとなった。

私は、緩和《かんわ》ケアチームのことや死生観のことを話した。

面接が終わって、やっと宿坊に泊まることになる。宿坊は楽しみだった。真冬なので、私しか泊まり客はいない。私のためだけにお風呂を準備していただき、部屋まで食事を運んでくださり、とても静かな夜を迎えた。

宣伝するわけではないが、高野山町には約１１０のお寺があり、その半分の55くらいのお寺は宿坊になっていて、一般の方でも泊まることができるそうだ。

その日のこと、その夜のことは、いまも鮮明に覚えている。お寺の夜も、しみじみと「孤独力」を味わうことができた。

お寺の朝は早く、翌朝７時からのお勤めにも参加することができた。極寒の中での正座は寒く、冷たく、厳しいものだったが、心が洗われるような快感もあった。

部屋からぼんやり外を見ていると、目の前で雪の結晶ができはじめて、チラチラとゆっくり庭先に積もっていく。雪が目の前でできるのを見るのは、はじめての経験だった。

朝食をすますと、いよいよ奥の院へのお参りだ。ほとんど人のいない静寂《せいじゃく》の中で、自分のブーツが踏みしめる雪の音だけが聞こえてくる。敵も味方もなく、戦国武将らのお墓が並んでいる。

その後を含めて、都合４回奥の院を訪れた。それぞれ季節は異なっていたが、私は、真冬の奥の院がいちばん好きだ。空気が違う。その感じは、訪れたことのある方にはわかっていただけると思う。

伽藍《がらん》や霊宝館《れいほうかん》を見ていると、時のたつのも忘れる。気づけば、帰途につかないと東京に帰れなくなる時間になっていた。

東京からなら、2日間で高野山を堪能《たんのう》できることを知った入学試験だった。こうして私は、高野山という山の中でも「孤独力」を体験することになった。

お経のようなものにパニック

高野山大学大学院からは、その後、めでたく合格通知をいただいた。入学式があるというので、職場からは有給休暇をいただき、2回目の高野山を目指した。

4月の高野山は2月とはまったく変わっていた。小さな大学で、私の周囲の20名の中高年の男女が同級生のようだった。

ドキドキしていた。開会の宣言の後、「ではご唱和《しょうわ》ください」と司会者がいうと、全員が立ちあがった。それから、私にはわからないことが起きた。「お経のようなもの」を全員がソラで唱《とな》えたのである。それを私は、まったく聞いたことがなかった。

右や左や後ろを振り返ると、確かに全員が、ソラで「お経のようなもの」を唱えている。そこから先はパニックになってしまって、何も覚えていない。

その後判明したところによると、「お経のようなもの」は「般若心経《はんにゃしんぎょう》」だった。こんな私でも、高野山大学大学院は受け入れてくれたのである。

まずは科目履修の登録をする。ここは通信制の大学院なので、レポート提出でもいいし、ある科目は大学で受けるスクーリングでもよい。必須科目があり、選択科目を含めて28単位をとる。修士論文が２単位に相当するので、全部で30単位。

科目は、「密教概論」とか「インド中期密教について」とか、まったく未知のテーマから選ぶのだが、私は、入学案内を送っていただいたときの資料ですでに決めていた。入学式が終わると、そのまま手続きをして帰途についた。

履修した科目の教科書は、ゴールデンウイーク連休のあたりに届くということだった。履修科目にあった「空海《くうかい》論の現在」は、空海を主人公にした小説数冊を読んで書く感想文的な論文なので、高野山町にただ一つある書店で資料となる本を購入し、下山した。

「俯瞰視」でストレスをかわす

家に帰るころには、ショックどころか、これから始まる大学院生活にウキウキするような気持ちになっていた。

10代で大学に入学したときには、決して味わったこともない喜びが、ジワジワと湧《わ》いてきたのである。

4月末には大学から教科書などが届いた。私は喜びと興奮を感じながら、包みを解いた。「密教学概論」「顕密《けんみつ》二教」「密教の典籍」……わからない。なんの意味なのかもわからない教科書が届いたのだった。

ここでまたパニック……にはならなかった。私の得意な、ストレスに遭遇するときの対処法である「俯瞰視《ふかんし》」がすぐに出てきた。

「この教科書が届いたいまごろ、みんな驚いているよなあ」……それがふつうだよなあ、自分だけに起こった特別なことではないんだ……。

こういうふうに発想を転換して、高い遠いところから現状を見るのが「俯瞰視」で、ストレス時に落ちこみから抜け出すのに有効なのだ。

ともかく1冊は読んでみよう。たぶん、これがいちばん基礎的なものだろうと思われる「密教学概論」を手にとった。1日で読みあげた。さっぱりわからなかった。

私は、無謀《むぼう》なことを始めたのか？

59歳の勉強術

この年のゴールデンウイーク周辺のことは、いまでもよく覚えている。休日は、朝の5時ごろから教科書や参考書を読み出し、やや暗くなった夕方の4時ごろまで、誰とも話さず、食事もしないで、水分を摂取しトイレに行くだけの生活ができた。

勤務しているときも、朝6時くらいに職場につき、8時の緩和ケアチームの回診までの2時間や、外来の合間や、仕事が終わってからと、いつでもどこでも勉強に入れるように、教科書や参考書を持ち歩く生活を続けていた。

そのときの私は59歳だったが、近視でも老眼でもなかった。私は「こういう勉強をさせるために、自分の視力が保持されていたんですね」と周囲には話していた。

出会いのスリル

未知の人間が出会う瞬間

高野山の大学院に入学するとか、禅寺の10日間泊まりこみの坐禅会に行くとか、日常と断絶した体験もあるけれど、日常の中にもそれとなく小さな断絶体験はさしこまれてくる。昨日と同じ今日ではなく、何が起こるかわからない今日の朝が来る。

入学、入社という体験は、人間関係が一度シャッフルされて、一対一の関係で新たな人々と最初からの友好を結ぶことになる。

ここにも不安と楽しみがある。素敵な人と出会えるだろうか、嫌なやつはいないだろうか。自分は受け入れてもらえるだろうか。

素《す》の人間の魅力が試されることになる……のだが、人は装うものであり、だまされるものでもある。ほんのちょっと、ふっと違和感を覚えても、いやいや、そんなことはないだろう、信じなければつきあいは始まらない、と笑顔に戻すのが大方の人だろう。

第一印象はあてになることもあり、あてにならないこともある。あてにすべきは、相手ではなく自分なのだということを忘れないことだ。早く人間関係をつくろうとする人は、自分勝手に相手に期待する。期待が裏切られると、怒る。

私は、人間関係はゆっくりつくるのがいいと思う。これからずっとつきあうのであれば、時間はありあまるほどあるのだ。ありあまる時間に、ぽつりぽつりと知りたいことを話しかける。毎日少しずつである。

そうすれば、少しずつ増えていく。何が増えるのかというと、いかに自分とは異なる人なのかという差異部分の情報が増えていくのである。人間のおもしろさは、差異にある。

「へえ、そうなのか。おもしろいねえ」

そのたびに、ちゃんとそういうのである。そうすれば、相手は自分が興味を持たれ、肯定されていることがわかる。こちらから好きになる前に、向こうから好きになるのではないか？

お釈迦さまも「嫌なやつ」に苦しめられた⁉

お釈迦《しゃか》さまは、生老病死を人間の避けられない4種の苦しみだといわれたそうだ。さらには8つの苦しみをあげているというが、その中に「嫌なやつと出会ってしまう苦しみ」がある。これを知ったときには、お釈迦さまに親しみがわいた。「あなたも嫌なやつに苦しめられたんですか。それはどんな嫌なやつだったんですか？」そう聞いてみたいと思った。

新聞の人生相談をのぞいてみると、ほとんどが人間関係の悩みで、またその多くが、「嫌なやつが身近にいて苦しめられている。どうしたらいいのか？」という相談だ。

ほんとうに些細《ささい》なことが気になって、相談者もそれが些細なことと知っており、それにもかかわらず自分の苦しみがコントロールできないという告白も少なくない。

いったん嫌だと思うと、それが頭から離れることがない。朝起きればすぐにその人を思い出し、こんな今日なら来なければいいのに、と思うのである。

その苦しみの短絡的《たんらくてき》な解決も、新聞記事の中に見られる。親族間の殺人である。あるいは同僚への傷害事件。特定の相手がいないのに苦しんでいる人は、「誰でもよかった」といって無差別殺人事件を起こしたりする。

こういった安易な推定はしてはいけないことであろう。ひとつひとつのケースを詳しく検討すべきものと思うが、これらの相談や事件に共通しているのは、不機嫌で喜びがないことではないだろうか。

嫌だと感じている人も、殺す人も、孤独になれないのだと思う。「孤独になろうよ、孤独はいいよ」といってあげたいと思う。

孤独になるとは、自分の好きなこと、極《きわ》めたいことを探し当てることだ。好きなことを極めようと夢中になっている人は、それ以外のことはみんな小さなことに見えている。

「ああ、それね、それはどうでもいいの。どうぞあなたの好きなように」

人に寛容になるのは、その人の性格ではない。孤独を知っていて、自分がやりたいことを知っていて、すでにそれに着手しているからではないか。私は、そう思う。

未知のひとり旅が始まる

図書館で人生を楽しむ

後半の人生が始まるなとわかるのは、それまでと違うことをやろうとする意欲を感じるときだろう。般若心経も知らない私が、仏教の世界に入ろうとし、しかも最も難解で知られる密教、真言宗《しんごんしゅう》の大本山《だいほんざん》に行こうと思ったのも、まさにそれだ。

本好きな知人がいるが、彼は30歳代後半に人生の方向を変えている。そのとき、やはり読書傾向が変わったといっている。それまでの彼は、日本の小説だけが好きだった。

好きな作家数人の本を、繰り返し読むという楽しみ方だったが、話題になる海外の本が翻訳されれば、やはり気になる。ところが、手にとっても、どうしてもその文体に違和感があって、読みすすめることができなかったという。

読み通したことがあるのは、中学校のとき、夏休みの宿題で読んだ、パール・バックの『大地』ただ1冊だった。分厚い本なので、決めたページ数を毎日読む。苦行《くぎょう》だった。

彼の場合は、文章をその作家の呼吸で読んでいたらしい。ある作家が好きになるとは、その呼吸になじむことだった。翻訳文体は、意味を伝えることに気をとられるのか、翻訳家が自分の呼吸を押し出すことをためらうのか、そのへんはわからないが、リズムより論理が表に出てくる。

新しい気分に支配された彼は、これからはいままで触れることのなかった海外の文学を読みたいと思った。どれひとつ知ることなく、人生を終わるのはつまらないと感じた。

図書館に出かけて、名前の知られた作家の本を手にとって借りてくる。読み出す。読めない。返す。別の本を借りる。その繰り返しをさんざんしたあげく、ガールフレンドにそれを話した。彼女は、あっさり「ミステリーを読んだら」といった。アガサ・クリスティのファンだったのだ。

彼は方針を変えた。それはうまくいった。いろいろ読み漁《あさ》っていくうちに、早川書房の本を選べばムダがないことがわかった。早川書房はミステリー以外の本も出している。そこから、翻訳科学書などへと読むジャンルが広がっていった。

「いまは、どこの出版社の本でもいけるよ」といっているが、彼の場合も、このプロセスを通じて、脳の中の何かが変わったのだと思う。その結果、楽しみは豊かになった。

そればかりではなかった。何事でも、始めることがいちばんむずかしく、始めてしまえば終わったも同然、それどころか、新しい未知の旅が始まっているのである。この旅はひとり旅で、しかも、どこまでも続いていくのだ。

ものごとには疲れない方法がある

本好きにはいろいろなタイプがあるが、買って自分で所有しないと読めないという人がいる。そういう人は、わりと多いようにも思う。

「金が潤沢《じゅんたく》にあり、床が抜けない堅牢《けんろう》な書庫があればそれもよい。しかしそんな人はまれだろう。やはり図書館を利用しないと」と彼はいった。それからおもしろいことをいった。

「ものごとには疲れない方法がある。フェルメール展とか、レオナール藤田展とか、コルビュジェ展とか、海外の作品を持ちこんだ美術展があるだろう。疲れない？　疲れるんだよね。どうしてかというと、混雑にもまれながら、一点一点じっと集中して見つめるからだ。

疲れない方法がある。楽しいだけ。どうするかっていうと、ある仮定をするからだ。1作だけ持って帰っていいよ、そういわれていると思って会場に入るんだね。作品をわかろうなんて思わない。味わおうなんて思わない。無理でしょう、そんなの。

どんどん歩きながら、探すんだ。どれをもらおうかな。どこにかけようかな。誰にあげようかな。展覧会にいる人って、受け身なんだな。でもオレは違う。行ったり来たり、立ち止まったり、部屋を飛ばしたりしながら、探す。そうして、ついに見つける。これが好き！」

これは前段。図書館の場合はというと、また別の仮定が登場するのだ。

彼は、その図書館の蔵書30万点を所有していると思う。思うとそうなる。そこにある本はすべて、彼の本なのだ。そして、それを市民に開放していると思う。館内を歩きながら、頭の中でにこやかにいう。

「みなさん、どうぞお楽しみください。おもしろい本がたくさんありますよ。棚だけじゃなくて、書庫にもいっぱいあるから、借りていってください」

これは自分の本、あれは自分の本じゃないなんていわない。すべて自分の所有であり、同時に、すべて放下《ほうげ》している。まるで、仏教の悟りみたいな話である。展覧会の話も、図書館の話も、所有をテコにしている。所有するということは、そんなにも深い人間の業《ごう》なのか。

彼流の本の読み方もいろいろある。もちろん、頭から一行も飛ばさず読むこともする。「どんな本でも、3回読まないとわからないよ」なんていうかと思うと、小説を1冊、10分で読んだりする。会話の部分だけ拾って、どんどんページをめくっていく。おそらく自分には縁《えん》がないけれど、でもどんな新しい傾向があるのか知りたい。異なる世代に受けている本などを、そうして知ろうとする。

「引っかかる言葉」を拾うことで

最近、彼は新しい本の読み方を開発したという。

複数の図書館を利用しているが、それぞれ10冊、20冊という貸出制限がある。自転車のカゴに入る程度しか借りはしないが、目いっぱい借りてくる。まんべんなく書棚をめぐって、ひょいひょいと本を取り出す。

家に戻ってベッドサイドの床に積みあげると、どさっと横になって適当に読みはじめる。

数ページ、十数ページずつ、どんどん本を替えていく。「えっ？」と思う。はじめて聞く読み方だ。たとえば、政治家やトップの経営者などは、分刻みで人に会い、異なるテーマの話をする。しかもそこで重要な判断を下したりする。それと似ている。あるいは、立食パーティで、どんどん相手を替えながら立ち話をする。それとも似ている。話題は相手によって異なるのだ。集中も連続性もない。読書は静かな行為だと思っている人には、向かないかもしれない。

とにかく、どんどん別の人が出てきてしゃべるのだから、頭の中はにぎやかだ。ぐるっとひとまわりして、２回目に同じ本に戻り、ページの続きを開いても、その前に何が書いてあったか、即座には思い出せない。それでかまわないらしい。

いい加減といえばそうとういい加減だ。著者は、「おい、そんなことはやめてくれ」といいそうだ。でも、彼はやめない。

ベッドサイドには、紙の束《たば》が置いてある。緑のサインペンも置いてある。ちょっと引っかかるフレーズ、言葉に出会うと、メモする。

何をいっているのか、わかりにくいかもしれないので、ひとつ例を挙げてみよう。モノマネのコロッケの本を開いていると、こんな一節がある。ステージから客席に降りて、あるお客さんの前に顔を突き出して、ちあきなおみの真似をする。これを「境界を超える」といっている。

あ、おもしろいなと、そのとき思ったら、紙に「境界を超える」と書いておくのである。

すべての本をぐるぐる巡《めぐ》って、これで終わりとなると、たくさんの紙に短い言葉が残っている。「ただ、引っかかりがある」というだけの理由でピックアップしたのだから、脈絡はない。あるとしたら、それらの言葉に引っかかった彼自身の脳の脈絡だろう。

彼の脳のこだわり、あるいは、まだ未開発の問題意識が、言葉として、そこに見える形をとっているといえる。楽しみはそこから始まる。メモの言葉を眺《なが》めて、なにやら考えるともなく考える。この時間が楽しいのだそうだ。

すぐにはわからないけれど、確かに何かが埋まっているのだ。それを掘り出す。掘り出したものを短い文章で書きつける。それが次第に増えていく。その先に、何かもっと大きなものがある。

不思議な方法を考えるものだ。これが、自分というものが主体になった、後半の人生のおもしろさなのかもしれない。

第5章　不思議な力を体感する

●宇宙の中の「孤独力」

雨の中、傘をささずに踊る人間がいてもいい。それが自由というものだ。

——ゲーテ

私が悲しい歌を歌うのは、陽気になりたいからよ。

——エディット・ピアフ

大宇宙と小宇宙

人間の神経細胞は銀河系の星の数に匹敵

高野山《こうやさん》大学大学院のレポートのひとつに「大宇宙と小宇宙」という課題があった。

インドの古代ウパニシャッド哲学では、「ブラフマン」と名づけられた宇宙の根本原理と、個人に内包される統一原理である「アートマン」とが同一視されていた。

一方、ヨーロッパではどうだったか。古代ギリシャ哲学のころから、大宇宙（マクロコスモス）である宇宙そのものと、小宇宙（ミクロコスモス）である自我とを対比させ、両者の類似関係を哲学的に究明してきた。

先日、ＮＨＫスペシャル「人体」を見ていたとき、ふと、この「大宇宙と小宇宙」という言葉が浮かんできた。

私たち人間の神経細胞は、脳と脊髄《せきずい》を合わせた中枢《ちゅうすう》神経全体では１０００億個から２０００億個あるといわれている。この数は、銀河系の星の数に匹敵《ひってき》するというのだ。

私は驚いた。

さらに興味深かったのは、心臓や腎臓《じんぞう》のような臓器同士の間にも、連携というかコミュニケーションがおこなわれているという指摘だった。

これまでの医学では、尿量の調節をするのには、下垂体《かすいたい》（脳の直下にある内分泌器官）からの抗利尿ホルモンが中心的な役割をしていると学んできた。ところが、番組ではこういっていた。

心臓が「もうしんどいよ！」というメッセージを、メッセンジャーという物質を放出することによって発すると、それを腎臓がキャッチして「それなら尿量を増やして心臓の負担を少なくしてあげよう」と反応するらしい。

脳や中枢神経が身体全体を調整していると思っていたが、臓器同士あるいは末端の細胞同士が、自律的に影響し合っている。

これを知って、なんて人体は宇宙のように膨大《ぼうだい》で、緻密《ちみつ》で、神秘的なんだろうと驚いてしまった。

気が遠くなるような孤独

マクロコスモスである大宇宙そのものと比べたら、ミクロコスモスとしての人間はあまりにも小さい。大宇宙の中での微々《びび》たる存在である人間の孤独。気が遠くなるような孤独だ。人間は、その孤独感から、「孤独に耐える力」「孤独から展開していける力」を見つけ出していくのだ。

それにしても、数千年前の古代ウパニシャッド哲学や、古代ギリシャ哲学の概念が最近になって、医学的、哲学的に立証されてきたとは！　何か、時間や空間を超えた不思議な力が、この大宇宙の摂理には組みこまれているとしか思えない。

曼荼羅の出現

大いなる「一」に帰っていく

私の知人の話である。

彼はふたりのまだ幼い子どものいる父親で、美しい妻を持っていた。あるとき、彼は「少し長くなるかもしれないけれど、話したいことがある」といった。「とても話しにくいものなんだけれど」ともいった。

それで、私は急《せ》かせることなく黙っていた。相手もしばらく黙ってコーヒーを飲んだりしていた。

ほんとうに話しにくそうで、フーッとため息をついたり、目が合うと、ニヤっと意味のわからない笑みを見せたりした。

「なんの話なんだろう?」というと、「うん、なんの話なんだか」と答えた。それからタバコを揉《も》み消して、おおむね次のようなことを私にいったのだった。

老いたひとり暮らしの母親が亡くなったあと、しばらく頭が重くってしかたがなかった。鬱《うつ》だとは思わなかったけれど、うっとうしい苦しさがとれなかった。頭が重くて、とても重くて、いつもガックリ前に頭を垂《た》れて目をつぶっていたいくらいだった。しかし、人目のあるところでそんなことをするわけにはいかない。

頭が重いばかりか、どういう実体かはわからないけれど、何かが自分の背中におぶさっている、そんな嫌な感じがある。こういうことは誰にもいうわけにもいかない。気持ち悪がられるだけだろうから。

深夜に目が覚めることも多くなる。目が覚めて、そのまま考えごとをしているうちに朝になる。

集合住宅の11階に新聞が、ドアのポケットにドカンと音を立てて突っこまれる。それで、寝間着のままそれを取りに起き出す。

体に浸《し》み出してくる疲れに朦朧《もうろう》となりながら、布団に横になって肘《ひじ》をつき、朝刊を広げて紙面に目を落としていた。

ろくに眠っていなかったせいか、広げた新聞に目の焦点が合わない。半分覚醒しながら、半分眠っている感じがする。

気がつくと、新聞から数センチ浮いたところに、不定形な網の目状のものが揺らめいて漂っている。美しい色をしている。オーロラってこんなものかなと思う。そういうものが出現したことを不思議とも思わない。

どこまで広がっているんだろうと思う。広がりを確かめようとすると、オーロラは無限大に広がっていく。首をめぐらせもしないで、そうだとわかる。ああ綺麗《きれい》だなとあらためて思う。ほんとうに綺麗なのだ。

自分はまだ眠っているのだろうか、と思う。それとも目は覚めているのだろうか、とも思う。意識に何かの喪失が起こっているらしい、とも思う。入眠幻覚と似ているな、とも思う。

そんなことを考えるともなく考えるが、オーロラは消えていない。綺麗でうっとりする。

そこから少しわからなくなる。記憶が飛んだのか、時間が飛んだのかわからない、どうしても思い出せない時間があって、「あ、母親が、いま、帰っていく」とわかった。

すっかり目が覚めている。

顔が見えた。デスマスクのあの悩みのない顔。ただ違っているのは、瞬《まばた》きもせずに目を大きく見開いていること。

ああ、そうか、流れの中にいま合流していくんだ。顔を見てそうわかった。思ったのではなく、わかった。見えているのかどうかわからないけれど、流れを感じていたからだった。

母親の目は私を見ていなかった。流れを見ているのだった。この流れを説明しようとするととても困難を感じてしまう。

流れは自分も世界も浸している。しかし、どこにもない。それなのに、とうとうたる流れがあることがわかるのだから。もうひとつわかっていたのは、母親が決して振り向かないだろうということだった。

デスマスクとなって、とうとうたる流れに合流していく母親は、生きている息子に振り向くこともないし、この世を振り返ることもない。とても寂しかった。

寂しいと思った。とうとうたる流れは、大いなる「一」というようなもので、すべてだった。ここもとても話しにくいところだ。寂しいと思ったのは、振り返らないからではなかった。母親は大いなる「一」に帰っていくのに、生きている自分たちは、生きているものたちはすべて、ひとりひとりがすべて別々に身体に分離されて、閉じこめられている。どうにもならないこの限界が、とても寂しい。それが寂しかったのだ。

一方で、大いに安心を感じていた。だから、そのときの気持ちを正確にいうと、安心して寂しかった、となる。安心したのは、「ああ、これが実体だったのか」という納得感があったからだ。やっと腑《ふ》に落ちた。底まで落ちた。

この安心はたいへんな威力《いりょく》を発揮した。

その日の昼前に外に出ると、まだ春めいた空気でもないのに、「ああ、春が来た」と深く深呼吸して、自然に顔がほころぶのを感じた。

孤独力のしわざ？

こういう話は、なかなか聞くことはできない。日常生活の中で話すのが困難だからである。私はこう尋《たず》ねた。

「この話を誰かにしましたか？」

彼は、「いや、誰にも」と答えた。

「家族にも話していないんですか？」とさらに尋ねると、「いま、話すのがはじめて」と答えた。

彼は私の仕事をよく知っていたから、何かの役に立つかと思ってのことだったのだと思う。

ある朝、彼の前に現れたものは、瞑想《めいそう》する行者の前に現れる心像《しんぞう》と同じであろう。曼荼羅《まんだら》と呼んでもいいのかもしれない。こういうものを実現するのも、また孤独力なのだ。

現実を変えてものごとが新しくなるとき

クリエイティブ・イルネス

成長曲線というものがある。学習でも、スポーツの習熟でも、それに励んでいるときに、どのように伸びていくかをグラフで表したものだ。ご存じのように、どこまでもなだらかに連続して上昇していくのではない。

あるところで平坦になり、それが続いてから、また、急激に伸びるときがくる。孤独力の展開させる力は、その落差のところではたらいているのかもしれない。

孤独力には、頭打ちを突破する力がある。それが最も劇的にはたらくのが、クリエイティブ・イルネスと呼ばれるものではないだろうか。

ある心理学の研究者が、フロイトやユングの人生を調べたときに、革命的な学説が生まれる前に、心の病気にかかって苦しんでいる時期があることに気づいた。それを呼んだものが、クリエイティブ・イルネスである。

素晴らしい新説ではないが、何かしらを生み出そうとするとき、われわれにもそれに似たものが訪れる。このことはみんな知っているはずだ。それは「疲れ」だ。

「ああ、疲れた、もうダメ」

何をどうしたらいいかわからないとき、疲労感に襲われる。考えようとしても、もはやどうにも手がかりがないときには、眠ることしかできなかったりする。

この状態は悪いものではない。「もうダメ」ではなくて、「もうすぐ」なのだ。そういうとき、必ずといっていいくらい同じ夢を見る人がいる。いい夢ではなく、苦しい夢だ。

落ちこんでいる人を励ますとき、「夜明けの前がいちばん暗い、というけれど」などという言葉で力づけることはよくあるが、彼は、自分の夢の話をするという。それはこんな夢だ。

あるところを目指して、車を運転している。知らない風景の中を進んでいくのだが、だんだんに道は狭隘《きょうあい》になって、ついには動けなくなる。進むに進めず、戻ることもできず途方に暮れている。

あるいはこんな夢。

電車を乗り継いで帰ろうとしている。乗ったことのない路線である。車窓には見たことのない風景が過ぎていく。なんとか早道をしようとして、途中で乗り換える。するとどんどん遠くに行ってしまう。路線を調べて、あまりの遠さに呆然《ぼうぜん》となっている。冷や汗が出るような、あるいは心臓が激しく鼓動《こどう》するような不吉で不安な夢ではない。ただ、徒労感、疲労感、無力感が覆《おお》いかぶさっている。

この夢が出てくると、彼は一種の安心を感じるという。やっとここまで来たか。もう少しだ。実際、ウンウンと動かない問題を押していると、間もなく、気分が一新するようなアイデアが浮かぶ。

夏目《なつめ》漱石《そうせき》は、葛湯《くずゆ》をつくっていると、最初はサラサラして掻《か》き回すのも容易だが、次第に重く、動かなくなる。そこから文学は始まる、といっている。

現実を変えて、ものごとが新しくなるのは、それまでの秩序が無力になり、いったんカオスが訪れてからだ。新しいルールは、発見されることで、あるいは発明されることでつくられる。いずれにしろ、生易《なまやさ》しいことではない。耐える孤独力が、ここで登場しなければならない。

魂まで無防備

疲れるということは、おもしろい。疲れている人には、ある種の魅力がある。「恋に疲れた女がひとり」という、永六輔《えいろくすけ》作詞の「女ひとり」のフレーズも、それを知っている人のものだ。

疲れた人は、美に敏感になっている。自然の美しさ、絵の美しさなどは、ガツガツした心には入っていかない。美は、放心に近い、無防備な心に忍びこむことが多いと思う。

疲れきった心は、家族といっしょにいても、友人といっしょにいても、あるいは恋人といっしょにいても孤独である。

家を建てたある友人の話だ。長年、借地だった実家に住んでいた親が亡くなり、地主と話し合って半分の土地を手に入れた。地上権があったためだ。小さなその土地に家を建てることにした。十分な金がなく、銀行から借りる。その交渉がうまくいかないのである。

妻は、どんな家にしようか、夢でいっぱいである。モデルルームがあれば、出かけて中を見る。

そのころ、古い集合住宅に住んでいたが、駅前に豪華なタワーマンションが計画されていた。やがてモデルルームが開設された。彼は、妻と幼児といっしょに見学に行った。

いくつかのタイプが用意されていたが、どれもなんとも豪華である。妻は、案内係の若い女性にいろいろ質問している。買う予定はないが、情報が欲しいのである。資金繰《ぐ》りで悩む彼は、沈んだ顔をして、なにもかも上の空だった。

広い階段だった。大理石で、ホテルかと見まごうような豪華な階段。彼は疲れはててその階段を上っていった。上に大きな額に入った絵があった。レプリカに決まっているさ、と思った。彼の好きなセザンヌのビクトワール山の絵だった。

彼はわかった。ああ、これを描いたのか。画集でさんざん見てきたのとは全然違う。そのとき、彼が見ていたのは、塗り重なった絵の具ではなく、気韻《きいん》とでもいうしかないものだった。

疲れは一瞬で消えた。頭がすっきりして、階段を踏みしめる足取りも変わった。美にはこういうはたらきがある。

彼は、「もしあのとき疲れていなかったら、元気いっぱいだったら、わからなかっただろう」と、笑いながら私に話した。

蛇足《だそく》であろうが、ひとりひとりの孤独な仕切りが消えて、大げさにいえば、宇宙的な無限というつながりで結ばれている。

第6章　ひとりの雑草力

●空海の「孤独力」

生まれ生まれ生まれ生まれて生の始めに暗く、死に死に死に死んで死の終わりに冥《くら》し。

——空海

哀しい哉、哀しい哉、復哀しい哉。悲しい哉、悲しい哉、重ねて哀しい哉。

——空海

空海はこうして孤独力を養った

青年空海の懊悩

空海《くうかい》は、桓武《かんむ》天皇の子どもの家庭教師をやっていた方が伯父《おじ》であったことも関係していると思うが、18歳で平城京にただひとつあった国立大学の入学を許される。

当時の大学は、父親の身分が従五位以上の子弟でなければ入学は許されなかったが、空海の父親はその基準を満たしていなかった。年齢的にも、他の学生たちは10代前半に入学していたので、空海はちょっと異例な特別扱いで、きっと周囲からも期待されていたのだと思う。

空海も意欲に燃えていたであろうが、期待した大学での勉学は中国の儒学《じゅがく》が中心だった。平城京にあった大学の外の道路には、大飢饉《だいききん》や病気のために、仕事がないホームレスが溢《あふ》れている。これでいいのか？

空海は、「こんな昔の人の学問なんて糟《かす》みたいなものであって、現世の役に立っていない」と、学問に疑問を感じるようになる。

青年期特有の懊悩《おうのう》の期間を「モラトリアム」というが、空海は授業をサボるようになり、山岳修行を始めるようになった。結局、大学に行ったのは1〜2年間だけということになり、周囲の期待と特別待遇で入学した大学を中退してしまう。

山の中で、あるいは室戸岬《むろとみさき》の洞窟《どうくつ》の中で、徹底的に孤独を体験しながら、宇宙の謎《なぞ》や、自分の将来などを考え抜いた。そして「仏教を目指そう」と決意し、遣唐使船に乗りこむことになるのである。

ひとり修禅観法

このような空海という人間に魅せられたファンのひとりとして、空海の孤独力について考えてみたい。

嵯峨《さが》天皇との交流や、宮中に出入りしたりすることは、確かにあった。しかし私が思うには、空海は基本的には、ひとりで修行したり、懸命に修法《しゅほう》に集中するほうが好きだったのだろう。

高木《たかぎ》訷元《しんげん》氏は『遍照発揮性霊集《へんじょうほっきしょうりょうしゅう》』に残っている空海の書簡をまとめ、現代語訳を付している（高木訷元『空海と最澄の手紙』85－87、法蔵館）が、以下にその一部を引用してみる。空海の性格の一部を垣間見ることができるだろう。

僧綱《そうごう》の某師宛

節序中春、風厳しく雪積る。伏して惟《おも》みるに、僧都《そうず》和尚、法体如何《いかん》。空海、林泉《りんせん》未だ飽《あ》かず、迹《あと》を人間《じんかん》に断つ。逸遊《いつゆう》に限られて、数々《しばしば》詣《いた》って展謁《てんえつ》することを遂げず。悚《しょう》息極《そくきわ》めて深し。望むらくは故怠にあらざるを恕《ゆる》せ。……（後略）

空海は山中の林泉（世を逃れて隠れ住む地）に飽きることもなく、世間の人との交わりを断っているのがわかる。

ほしいままに修禅観法《しゅぜんかんぽう》にふけり、そのために参上してお目にかかることもできない。誠に申しわけないがいたずらに拝謁《はいえつ》を怠《おこた》っているわけではないことを御賢察いただきお許しください、というのである。

空海は、このような、世間との交わりを避け、ひとり修禅観法にふけり、挨拶に伺えないことの許しを請う手紙を何通も残している。

空海は、「社交的」とはまったく異なる性格の人で、この生活の中で「孤独力」を鍛《きた》えていったのかもしれない。

草むしりの哲学

真言を百万べん唱える

空海は『三教指帰《さんごうしいき》』（親族に対する出家宣言の書）の序文に、大学をやめたきっかけとして、ひとりの沙門《しゃもん》（出家して修行する人）から具体的な修行の方法を教わったことを挙げている。ごく短い真言《しんごん》を百万べん唱《とな》える虚空蔵求聞持法《こくうぞうぐもんじほう》だ。１００万回である。ふつうの生活をしていてできることではない。

そういうことに専念する山岳の修行者が、当時すでにいたということだ。頭ではなく体を使って、体当たりで自然の中に飛びこむ修行だ。

学校から自然の中へ。集団からひとりへ。書物から行動へ。強靭《きょうじん》な肉体を持っていたのだと思うが、空海はどんな目をして、どんな顔をして、どんな汗を流して、どんな涙を流して、深山でひとり過ごしたのか。

自然の中深くに帰ろうとする時期が、晩年にもまたやってきた。

若いときには、「ひとりで」孤独な修行を。それから、「いっしょに」苦を背負う社会活動の時期、布教の時期、教育機関をつくるために奔走《ほんそう》する時期を過ごし、年をとって、また「ひとりで」に帰っていくのである。

空海は、山が好きで、自然が好きで、孤独が好きだったのだと思うが、われわれ現代人に、こういうことは可能だろうか？

雑草の存在

意外な人の口から、落ち葉はきが好きだとか、草むしりが好きだとか聞くことがある。そうしているときには、孤独になれる、孤独を楽しんでいる感じがするという。その楽しい感じの実体は、うるさい人間関係から離れて、自然と対話している喜びらしい。

彼は、私の新しい友人だ。霞《かすみ》が関《せき》で多忙な人生を過ごし、いまは別のところで比較的時間に余裕のある仕事をしている。

「市街地を散歩していると、更地《さらち》になった場所に黒いシートが敷き詰めてあったりするのをご存じでしょう」と彼はいった。

「ああ、知ってますよ。草が生えないようにでしょう？」私は答えた。

「かつては建物があった真下の土地だから、草は生えていなかったはずだ。なんでそこに草が生えるんでしょう？」

私は、土がむき出しになっていると、どこかから草の種が飛んでくるのだろうと思ったが、彼の説明は意外だった。

あれは、土の中に眠っていた種が、光を浴びて発芽するのだそうだ。どこでも、土の中には無数の雑草の種が眠っている。雑草には、光の刺激で発芽するものが多いという。

「雑草は強い植物だと思っているでしょう？」と彼はいう。

「踏まれても踏まれても生えてくるような強い生命力を指して、雑草魂なんていうから、強いものでしょう」と私は答えた。「どんなわずかな隙間にでもすぐに生えてくるし」

すると彼は、「雑草は強いものではないよ」と愉快そうに笑った。

彼のいったことを要約すると、こんなことになるだろうか。

雑草は、森林に住めなかった植物だ。カタクリのような山野草より弱い。山野草は森陰の中で生きている。雑草と呼ばれる植物群は、自分より丈《たけ》高く繁茂《はんも》する植物に太陽の光を遮《さえぎ》られて、そこから逃げ出してきた草たちなのだ。

はじめは、急流の多い日本の河川が氾濫《はんらん》してできた平地に移動し、それからとっても気に入る住みかを見つけた。それは人間が自然を開発した開けた場所だった。そこには太陽の光を遮るものがなく、思う存分に根を下ろし、丈を伸ばし、花を咲かせ、種を実らせることができる。

彼らは、庭に、畑に、農道に、広場に、校庭に陣地を広げていった。光のあるところはすべて、お気に入りだった。ところが、人間がそれを嫌がって、目に留まると抜くのである。雑草というひどい名前もいただいた。

雑草とは、人が住むところに侵入する自然という意味だ。人が住むとは、自然を排除して、秩序化して、人工の世界をつくることだから、それを無秩序に戻そうとする雑草は自然なのである。

タンポポとスミレとカタバミは残す

「農村出身の人と草むしりをすると、彼らはきれいにすべて抜いてしまう。なんにも残っていない。私は、こういう状態がきれいだとは思わない。殺風景だと思う」

彼のやり方でする草むしりは、取り除くものと残すものを分けるのだそうだ。４月、５月なら、タンポポとスミレとカタバミを残す。あとは除去する。

可憐な花をつけているスミレを抜く人はいないだろうが、タンポポは微妙なところだ。間違いなく抜かれる対象になるカタバミは、小さな黄色の花をつける、地面に横に広がる小さな草だ。どこにでもあるから、名前を知らなくても、誰もが必ず目にしている。

彼のやり方で草むしりをすると、点々とスミレの株が残って紫の花をつけ、タンポポの株がのびのびと育ってまるで房咲きのようにたくさんの黄色が目につく。そしてそのまわり、あるいは離れたところに、布を広げたようにカタバミが小さな黄色の花をいっぱいに咲かせる。

このような姿にするために、彼はナズナを抜く。カラスノエンドウを抜く。ハルジオンを抜く。ホトケノザを抜く。ハハコグサを抜く。オオイヌノフグリを抜く。ハコベを抜く。スズメノカタビラを抜く。全部抜く。

「草を抜くのは殺戮《さつりく》です」と彼はいった。

この殺戮をしてわかるのは、根の形状だそうだ。みんなそれぞれ違う根の張り方をしている。その草の戦略がこの姿に表れている。手のひらで土を握るように同じ長さの根を生やしているもの、茎をどんどん横に伸ばして、浅い根を張って陣地を取りながら、繁茂していくものもある。

手のひら状の根を持ちながら、それがバリバリと剝《は》がされても、なおビクともしないものは、真ん中にしっかりしたまっすぐな根を10センチあまりも深く伸ばしている。ナズナ、つまりぺんぺん草はそのタイプだ。いいかげんに引っ張れば、長い主根は根元から切れて土中に残ってしまう。乾いてよくしまった土から、一気にそっくり抜けるときには、「ブチン！」という大きな音がする。

木の下の柔らかい土に根を下ろしたナズナは、30センチあまりに背を伸ばす。葉も花も大きい。固く踏み固められた土に種を落としたナズナは、まるでミニチュアのような、わずか1センチくらいの丈の完成した姿になる。それで、ちゃんと花をつけているのだ。

そういったことすべてに、感心しながら草をむしる。都市に住む住人の、自然との対話はこういうところでおこなわれている。

春の草をきれいに抜くと、そのあとに夏の雑草が生えてくる。夏の草をきれいに抜くと、そのあとに秋の雑草が生えてくる。よく茂った秋の草を抜こうとすると、その下に、もう春の草がロゼット状の葉を広げているのに気づくのである。

自然の巡《めぐ》りをこうして知り、それに喜びを感じる。私には、孤独力の楽しみのように思われる。地面にしゃがみこんで、人間という生命と植物という生命が、まっすぐに向かい合っている。

どこにも属さないで

森鷗外の孤独な闘い

私は空海ファンを自認しているが、森鷗外《もりおうがい》ファンの旗を高く掲げている知人がいる。その影響を受けてしばらく読みこんでみたのだが、空海の持つ限度を知らぬ肯定力、底の抜けた大きさとは違って、スケールが測れるものの、やはり大きな人だなあという思いがする。

空海は唐《とう》に留学したが、鷗外はドイツに留学した。空海は密教を丸ごと仕入れて、それをそのまま日本に植えつけ、天皇から庶民にまで伝道して、自らは身を粉《こ》にして各地で奉仕した。

鷗外は、『妄想《もうそう》』という短編で自分の生涯を振り返っている。自然科学を研究して帰国した鷗外に期待されたのは、近代化のためのさまざまな具体策のお土産だった。鷗外はその期待に応えず、「元の木阿弥《もくあみ》」説を唱えた。

都会改造の議論が盛んで、鷗外は、アメリカやドイツの都市のように建造物を変えようとする人びとに問われた。それに対して鷗外は答えた。

「都会というものは、狭い地面に多くの人が住むだけ人死にが多い。ことに子どもが多く死ぬる。今まで横に並んでいた家を、たてに積みかさねるよりは、上水や下水でも改良するがよかろう」

米を食うのをやめて、牛肉をたくさん食おうという議論があった。鷗外は答えた。

「米も魚もひどく消化のいいものだから、日本人の食物は昔のままでよかろう。もっとも牧畜を盛んにして、牛肉も食べるようにするのは勝手だ」

文字の表記と音とのズレを改良しようとする、かなづかい改良の議論もあった、鷗外は答えた。

「そういうズレというものは、どこの国にもある。やはりコヒステフワガナハのほうがよかろう」

鷗外の考えは、「何千年という間、満足に発展してきた日本人が、そんなに反理性的生活をしているはずはない。はじめから知れきったことである」というものだった。そして、学んできた自然科学を使って、コツコツと馬鹿正直に働いてその証明をした。

そんな鷗外は、文芸に趣味を持っていたので、自ら筆をとった。ヨーロッパ先進国とそれに追いつこうと焦《あせ》る日本の間に起こっているさまざまな問題が取りあげられた。鷗外にとって、作品を書くという行為は、どの陣営にも属さない孤独な闘いとなった。

鷗外の名作といわれているものは、目覚め、戦い、敗れるという構造を持ったものが多い。鷗外自身を彷彿《ほうふつ》とさせるドイツへの国費留学生の出世と恋の葛藤《かっとう》を描いた『舞姫《まいひめ》』。主人公の太田豊太郎は、恋人を裏切り、ポストを得て帰国するけれど、心の傷は永遠に残るのである。

この物語を成り立たせているのは、外国ではじめて触れた自由と芸術の魅惑だった。おとなしい娘が、父親の安楽のために妾《めかけ》となって高利貸しに身をまかせる『雁《かり》』。主人公のお玉は、散歩する大学生とふとしたことから知り合い、恋をする。無意識のうちに自分の境涯からの脱出を夢見るが、ひょんな偶然がそれを邪魔するという物語だ。

従順さを求める道徳からの、女の自立への目覚めが、物語の背景に潜《ひそ》んでいる。『妄想』では、過去を振り返って、何ものにも満足できない自分を浮かびあがらせている。そして、こう述べる。

「自然科学で大発明をするとか、哲学や芸術で大きい思想、大きい作品を生み出すとかいう境地にたったら、自分も現在に満足したのではあるまいか。自分にはそれができなかった。それでこういう心持ちがつきまとっているのだろうと思うのである」

われわれ、ふつうの人間はみんなそうである。そんなことをできたものなどいやしない。そうであるけれど、こんなことはいわない。そこそこの満足で、「ま、いっか」といって生きている。

最晩年の『空車』

明治期の、国家を背負った、また異なるふたつの文明をまたいだ人々は、みなそうだけれど、鷗外の孤独は強く、高く、深い。

それを思わせるほんとうに短い数枚の作品がある。『空車』という随想のような短文で、鷗外はこれを「むなぐるま」と読ませている。

この最晩年の小品で、鷗外は巨大な荷車のようなものについて話している。名称のわからないそれを呼ぶのに、古語を持ち出して「むなぐるま」と書いたのである。それは大八車《だいはちぐるま》のような荷物を載《の》せる荷車なのだが、人が引くものではない。

この車は大きく、馬が引く。その馬を引いている男はたくましい。それが洋紙をいっぱいに積載《せきさい》して白山《はくさん》通りを通り過ぎるのを見たことがあるといっている。

鷗外は、ここで奇妙なことをいうのである。この車が荷物を積んでいるときには、目に留まらない。何も載せていないときに、じっとそれを目で追ってしまうというのである。

最後まで引用してみよう。

「わたくしはこの車が空車として行くにあうごとに、目迎えてこれを送ることを禁じ得ない。車はすでに大きい。そしてそれが空虚であるがゆえに、人をしていっそうその大きさを覚えしむる。この大きい車が大道せましと行く。これにつないである馬は骨格がたくましく、栄養がいい。それが車につながれたのを忘れたように、ゆるやかに行く。馬の口を取っている男は背の直《すぐ》い大男である。それが肥えた馬、大きい車の霊ででもあるように、大股に行く。この男は左顧右眄《さこうべん》することをなさない。物にあって一歩をゆるくすることもなさず、一歩を急にすることをもなさない。傍若無人《ぼうじゃくぶじん》という語はこの男のために作られたかと疑われる。

この車にあえば、徒歩の人も避ける。騎馬の人も避ける。貴人の馬車も避ける。富豪の自動車も避ける。隊伍《たいご》をなした士卒も避ける。葬送の行列も避ける。この車の軌道を横たわるに会えば、電車の車掌といえども、車をとめて、忍んでその過ぐるを待たざることを得ない。

そしてこの車は一の空車に過ぎぬのである。

わたくしはこの車の行くにあうごとに、目迎えてこれを送ることを禁じ得ない。わたくしはこの空車が何物かをのせて行けばよいなどとは、かけても思わない。わたくしがこの空車とある物をのせた車とを比較して、優劣を論ぜようなどと思わぬことをまた言《げん》をまたない。たといそのある物がいかに貴き物であるにもせよ。」

私は鳥肌が立った。目に涙が滲《にじ》んだ。

第7章 限界を突破する挑戦

●脳の活性化と「孤独力」

わたくしは、何としてもゴッホになりたいと思いました。プルッシャンブルーで描かれたゴッホのひまわり、ぐるぐるして目の廻るような、輝きつづけ、あんなひまわりの絵が描きたかったのです。わたくしは描きに描きました。「ワだば、ゴッホになる」

——棟方志功

寝るのは馬鹿だ。みんな寝すぎだ。私は死んだ後たっぷり寝る。

——トーマス・エジソン

挑戦心が活力を生む

無謀な挑戦をやってみる

高野山《こうやさん》大学大学院に入学してからの不思議な現象についてお話ししてみよう。

2012年のゴールデンウイークからは、休日は朝の5時ごろから教科書や参考書を読みだし、やや暗くなった夕方の4時ごろまで、誰とも話さず食事もしないで、水分を摂取しトイレに行くだけの生活ができたこと、しかし、本の内容などは、さっぱりわからなかったということは前に述べた通りだ。

読みこんでいくと、やっと仏教の始まりとか、密教の位置とか、空海《くうかい》の築いていった理論などが少しずつわかってきた。

大学院の仕組みは、こうなっていた。

各テーマで2000文字くらいのレポートを提出する。それが戻ってくることもあるが、そのときは修正しながら再度、提出する。それ以外に「試験」として新たなレポート提出を求められ、その結果、ＡＢＣの成績がついて修了ということになる。テーマは全部で28項目あるから、そのすべてについて修了していく。

残りの2単位が、修士論文。あるテーマを指導教員と相談しながら、論文にまとめていく。それが研究科の教授３名による口頭試問などを通して認めていただけると、めでたく「修士号」をいただけることになる。

私の場合は「修士（密教学）」が正式名で、その学位を目標にしていた。

さて、四苦八苦しながら１ヵ月もそれを続けていると、少しずつレポートが書けてくる。レポートは、論文を書く仕事をしてきたので慣れていた。

そうこうしているうちに、無謀《むぼう》な考えが頭に浮かんだ。もしかしたら、これを７月中旬の「還暦《かんれき》の誕生日」までにできるのではないか。そう思うようになった。約２ヵ月しか期間はない。この短期間に全レポートを仕上げる。とんでもない無謀な挑戦といえる。

ところが、この挑戦に挑《いど》んだときから、自分の中で何かが起こりはじめたのだった。

脳の貯蔵庫の奥深くに潜んでいた知識がつながる

「奈良時代の密教について」「江戸時代の僧侶について」「鎌倉時代の明恵《みょうえ》について」「チベット密教の特色について」の４テーマは、「密教史概説」という必修科目のテーマだった。私はここから取り組んだ。

最初の１ヵ月間ではひとつしか書けなかった。それが、２ヵ月目に入って急速にペースが上がった。バラバラに勉強してきたものが、相互につながりはじめて、ふたつ、３つのテーマを並行し、レポートが書けるという快感まで覚えるようになった。

自分が、それまでの自分とは少し異なってきたように感じた。そのとき、頭の中では何が起こっていたのか……とても不思議な体験だった。

頭の中に何十年も蓄積されていた知識が、一斉に目を覚まして、うごめいている感じがする。そして、パッとこんなことが起こった。

漠然として答えが得られないまま、長いこと疑問に思っていたことがある。それが「ああ、そういうことだったのか」と、妙に腑《ふ》に落ちる解答が得られるのだ。

とくに愉しかったことは、トトロの謎《なぞ》だった。

「なぜ最後の場面で木の枝から降りてこられなかったのか？」とか、「最初はなぜサツキにはトトロが見えなかったのか？」などがわかってしまった。そう、「わかってしまった！」という表現がいちばん正しいと思う。

もちろん、宮崎駿《みやざきはやお》監督が「となりのトトロ」で意図したこととは別なのだろうが、高校で勉強してきた物理学や、医者になって学んだ心理学や精神医学など、脳の貯蔵庫の奥深くに潜んでいたすべての知識がつながってきたのだった。

「脳の活性化」という言葉は知っていたが、いま自分がそれを感じているんだ、と妙に感動してしまった。そのとき頭の中で起こっていたことは、誰もができることなのだが、脳の貯蔵庫の奥深くに潜んでいたすべての知識がつながってきた感じは、どのように説明できるのだろうか？

医学的にいうと、たぶん「シナプスが増えてきた」状態だと思う。シナプスとは、神経細胞と神経細胞をつなぐ回路のことだ。シナプスは、さまざまな方法（マインドフルネス瞑想《めいそう》も含む）で増えることが確認されていて、それを「神経可塑性《かそせい》」と呼んでいる。その結果を自覚できることが、いわゆる「脳の活性化」なのだ。

120パーセント活性化した脳

私の経験した脳の活性化では、驚くようなことが起こった。

速読ができるようになり、ページを開くと必要な部分だけが浮かびあがってくるようになってきた。左脳が文字を追うのではなく、「図」とか「像」のように右脳が感じるようになった状態だったと思う。そのために、大学院には関係のない書物まで読むようになったことを覚えている。

そのころ下書きを始めた拙著『空海に出会った精神科医』をいま読み返すと、別人が書いたもののように詳細な記述が続いている。

結論。……誰でも脳の活性化は体験できる。それにはふたつの方法があり、①1ヵ月間で本を100冊読むか、②2ヵ月間で本100冊を元にして28編のレポートを書くか、このどちらかをやってみるとよいと思う。

要は、自分の能力を超えると思われることに挑戦する。それには、どうしてもそうしたいという必然性がないとむずかしいかもしれない。

私には、自分の「死生観」を確立できなければ、仕事に向き合えないという切実な問題があった。飛びこんだのは、未知の分野、途方にくれるしかない分野だった。もうひとつ重要なのは、そこで、感動する人間に出会ったという喜びだろう。

それらが、活力を高めていたと思う。

脳の活性化を感じている間は、家族とも話がかみ合わないような感じだった。

実際、勉強しているのは私たったひとり。たったひとりでも、新しい世界が開けていける。そういうひとりだけの時間の中にいた。

「孤独に耐える力」「孤独から展開していける力」のことを「孤独力」と自分なりに定義したが、この段階になると、「孤独に耐える力」は必要ではなくなり、「孤独から展開していける力」だけを体現していたと思う。

まさに「孤独力」を培《つちか》い、最後にはそれを楽しむようにまでなっていたのではないかと思っている。

つけくわえておくと、120パーセントくらいまでに活性化した脳も、自分で設定した極限のトレーニングをやめると、だいたい3ヵ月くらいで元の100パーセントレベルにまで戻る。このことも確認済みの事実だ。

どうすればゾーンに入れるか

「監督、まだ走れます」

プロ野球を見ていると、その日、その試合だけ素晴らしい結果を生み出す選手がいる。パーフェクトゲーム。1点もやらない、ひとりも1塁に出さない。これを完全試合といってピッチャーのなしうる最高のゲームである。

野手でいえば、一試合4打席連続4ホームランとかがそれだろう。ところが、その選手は、コンスタントな記録を見たときに、必ずしも突出しているわけではなかったりする。

このようなことをなしとげるときの人間の状態を、ゾーンといったりする。極度の集中と、適度のリラックスが、バランスよく整う状態だと思われる。

これは、プロのアスリートにだけ訪れるわけでもないらしい。私の友人は、草野球であるときサイクルヒットを放った。シングルヒット、2塁打、3塁打、ホームラン。

4打席4安打。彼は、そのときのことをこういった。

「なんかわからないけど、振ると当たるんだよね。当たるのが当然という感じで。打つぞって気負った感じはなくて、ただ、打てるに決まってるって思ってバットを振ってたかな」

相手のピッチャーの調子が悪かったわけではない。他の人は打てなかったし、そのピッチャーととくに相性がよかったわけでもない。ピッチャーは、右投げ、左投げ、2人出てきて、その両方を打ちこんだのだから。

結局、なぜその日、その試合、そんなに楽々と打てたのかは、彼にはわからなかった。これがゾーンというものであろう。

有森裕子《ありもりゆうこ》、高橋尚子《たかはしなおこ》とふたりの女子マラソン選手をオリンピックでメダルに導き、先日亡くなった小出義雄《こいでよしお》監督の本を読んだことがある。マラソンの監督とは、いったい何をするのかという興味があったのだ。読んでみると、理論があるわけではないらしい。

長距離とかマラソンを走るための理論というものはなく、勘《かん》で、いろいろ試すものらしい。それを繰り返して、1年半くらい経つと、その選手にどんなトレーニングを課すと、体がよく動くのかがうっすらわかってくるらしい。

だから、こんなこともある。マラソン本番の当日、早朝に本番と同じ距離を走らせて、それから疲労をとり、本番のスタート時刻に、最高の状態に戻ってきていることを期待する。

走り出して、ほんとうに体が軽く、足がよく動くなら、そのトレーニングは成功である。動かなければ失敗である。こういう恐ろしいことを試せるかどうかが、監督としての成功、不成功を決めるらしい。

走り出してゾーンに入ると、高橋はニコニコ監督に笑いかけ、世界新記録でゴールして監督に走りより、「監督、まだ走れます」とニコニコする。ゾーンが存在することはみんな信じているが、どうすればそこに入れるかは、誰にもわからないのである。

頭の中が日本晴れ

自然科学の研究者と話したことがある。その人は有名な宇宙の研究者だった。私は聞いた。

「研究していて、神秘的に思うことってありますか。それはどんなことでしょう？」

私のまだ知らない、宇宙の謎を聞かせてくれるだろうと思っていたのだが、彼は思いがけないことをいった。

「ものすごく頭がよく動く日があるんだよね。何を考えても、どんなむずかしい本を読んでも、たちどころにわかってしまう。どうしてこんなに頭がよく動くのか。これは、ほんとうに不思議だ」

「それはよくあるんですか？」

「一年に1日くらい」

他の日はダメだけれど、その日だけは、なんでもたちどころにわかるのだそうだ。これも、ゾーンだと思う。

アスリートの身体の動きのゾーンと、思考するものの大脳のはたらきのゾーンは、当然仕組みが違うのだろう。同じ点といえば、よくわからないということか。

彼と話していて、いまも記憶に残っているのは、「学生は考えるということがわかっていない」というやりとりだった。彼がいうには、考えるということは、問題をつくるということだ。問題を解くことではないのである、

これはよくわかる。問題があれば、それは必ず解ける。解けないのは、問題が未だ

につくられていないことについてなのだ。問題がつくれれば、それはもう解けたのと同様である。

もうひとつ彼のいったことで印象的だったものがあった。

「考えるとは、24時間考えているということだ。起きていても、本を読んでいても、人と話していても、食べていても、電車に乗っていても、眠っていても、いつも考えている。一瞬たりとも、その問題が頭から離れることがない。こうしているいまも、私は考えています」

これが、学生にはわからないという。

ゾーンは、あるとき、こういう人に訪れるのである。読者は、ピンとくるのではないか？　これは、孤独力である、と。

じつは、こういうことは、昔の人はみんな知っていた。その言葉もある。

火事場のバカ力。

これが昔のゾーンの別名なのだ。ああ、家が燃えている！　誰も頼れる人はいない！　あたしがやらなきゃ！　やるっきゃないじゃないの！　えーい！　その女の筋力では絶対に持ちあがるはずのないものが持ちあがり、運べるはずのないものが火事場から運び出される。

孤独力がないとは、人に頼ってばかりいるということだ。

自分で手を下さず、あれもこれも、人にやらせようとする。そういうダメダメの心のことなのだ。

「孤独」からの贈り物

穏やかな時間の中で

孤独に耐えていると、孤独力は、望むことを展開させるパワーを発揮する。その力は、想像を絶するところまで行く。素晴らしいことである。

もし、すべての人生の時間をそうして過ごそうとしたら、私たちはたちまちパンクしてしまうだろう。「ひとりで」過ごしたあとには、私たちは穏《おだ》やかな「いっしょに」の時間が必要なのだ。

そうすることでバランスをとり、また「ひとりで」に専心することが可能になる。

外出して、街を歩く。公園を散歩する。電車に乗って移動する。そんなとき、私は見るともなく、人の流れを見ている。

その中に、幸せを放射している人びとがいる。

手をつないでいる人たちである。

子どもと手をつないでいるお母さん。お父さん。手をつないで笑いながら話している小学生の女の子。若い恋人たち。年老いて、足元がおぼつかなくなった老夫婦にも、お互いを支えあうように手をつないでいる人がいる。

うれしそうだ。

楽しそうだ。

安心している顔がある。

これが、平常時の孤独力の表情であろう。

あたたかさ。なごやかさ。

愛情。心くばり。同情心。包容力。

ともに楽しむ心が、歩いている。

おいしい食事。

楽しい会話。

出会いのハグ。

心へのタッチ。

そういうシーンが見えてくる。

生きてきてよかった。生まれてきてよかった。
この輝きでいることが、愛する者への「孤独力」のたしなみなんだなと思う。

♪「僕はもう振り返らない」

作詞・作曲　保坂 隆

いつからこんなに　寂しい歌を　作っていたんだろう
二人の歌でも　歌っているのは　ひとりぼっちの　この僕

人の心の温かさ　友との出会い　人との別れ

もうすぐ夜明け　カーテンの隙間に　透明な光が
もう僕は　振り返らない

著者略歴

一九五二年、山梨県に生まれる。保坂サイコオンコロジー・クリニック院長、聖路加国際病院・診療教育アドバイザー。一九七七年、慶應義塾大学医学部卒業後、同大学精神神経科に入局。一九九〇年より二年間、米国カリフォルニア大学ロスアンゼルス校精神科へ留学。東海大学医学部教授を経て、二〇一〇年、聖路加国際病院で精神腫瘍科を開設。がん患者の心のケアにあたる。二〇一七年、聖路加国際病院を定年退職し、保坂サイコオンコロジー・クリニックを開業。

著書には『50歳からは「孤独力」!』『苦悩力』(以上、さくら舎)、『がんでも、なぜか長生きする人の「心」の共通点』(朝日新聞出版)、『空海に出会った精神科医』(大法輪閣)、『精神科医が断言する「老後の不安」の9割は無駄』(KADOKAWA)などがある。

精神科医《せいしんかい》がたどりついた「孤独力《こどくりょく》」からのすすめ

——「ひとり」と「いっしょ」の生《い》き方《かた》

二〇一九年八月一一日　第一刷発行

著者　保坂《ほさか》　隆《たかし》

発行者　古屋信吾

発行所　株式会社さくら舎　http://www.sakurasha.com

東京都千代田区富士見一-二-一一　〒一〇二-〇〇七一

電話　営業　〇三-五二一一-六五三三　FAX　〇三-五二一一-六四八一

編集　〇三-五二一一-六四八〇

振替　〇〇一九〇-八-四〇二〇六〇

装丁　アルビレオ

装画　浅妻健司

印刷・製本　中央精版印刷株式会社

ISBN978-4-86581-210-7

さくら舎の好評既刊

細谷 功

アリさんとキリギリス

持たない・非計画・従わない時代

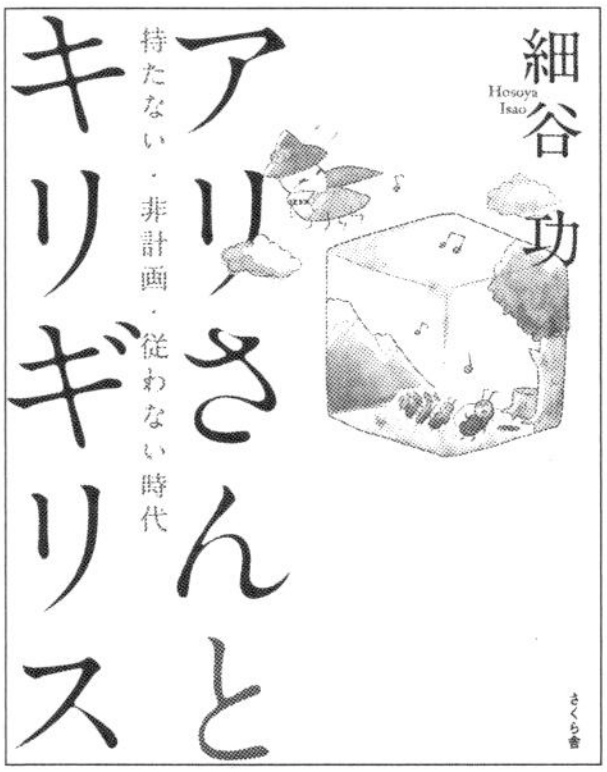

楽しく働き自由に生きるためのキリギリス思考方法。価値あるものと価値なきものが逆転。怠け者とされたキリギリスの知性が復権する！

1600円（＋税）

定価は変更することがあります。